A Arte da Dureza

Como fascinar e reter as garotas que você pega

A Arte da Dureza

John Danen

Published by Jonh Danen, 2023.

While every precaution has been taken in the preparation of this book, the publisher assumes no responsibility for errors or omissions, or for damages resulting from the use of the information contained herein.

A ARTE DA DUREZA

First edition. January 23, 2023.

Copyright © 2023 John Danen.

ISBN: 979-8215817278

Written by John Danen.

Sumário

Contato.

Se você quiser me fazer perguntas, fazer perguntas, ou receber conselhos sobre sedução, eu ofereço este serviço de treinador de sedução. Eu também ofereço cursos. Você pode entrar em contacto comigo através destes links.

LINKS:

John Danen Dark seduction - [1]YouTube

TikTok by johndanen (@johndanen) | Confira os últimos vídeos da johndanen sobre TikTok [2]

John Danen Dark seduction | [3]Facebook

John Danen Dark sedução (@dark_seduccion) - Fotos e vídeos [4]Instagram

---

1. https://www.youtube.com/channel/UCUOsfiulxHrzWkdjkx6scJg

2. https://www.tiktok.com/@johndanen

3. https://www.facebook.com/0Dark000000

4. https://www.instagram.com/dark_seduccion/

Introdução.

Estou fazendo este livro porque percebo que, embora tenha escrito muito sobre ele, não há livro que o oriente e lide com tudo sobre dureza. Já falei muito sobre isso em praticamente todos os meus livros anteriores. Agora eu quero criar este livro para servir como um manual de como se comportar uma vez que você tenha conseguido pegar uma garota. O ato de pegar uma garota é apenas a metade, uma vez que você a pegou você tem que lidar com ela. Esta é a parte onde os problemas surgem, onde você está por conta própria, porque ninguém o preparou para isso.

Devido a esta falta de preparação, você é confrontado sem conhecimento ou armas por especialistas em manipulação e cai na armadilha delas. Nós homens fomos manipulados socialmente para mostrar suavidade e ter um caráter agradável, e é por isso que muitas vezes, involuntariamente, subconscientemente, terminamos por colocá-los como prémios sem nos darmos conta disso. Isto é um erro absoluto e paga caro.

Espero que através deste livro você seja capaz de aumentar brutalmente sua dureza a fim de endurecer e fascinar e manter as garotas que você pegar. Isto permitirá que você se domine e não seja manipulado ou amolecido.

Se você não praticar esta arte, elas o destruirão completamente e você será o escravo infeliz delas, ou pior, você acabará entrando em relacionamentos que você talvez nem queira, sendo totalmente manipulado por elas e elas farão o que quiserem com você.

Para ser realmente duro, você tem que conhecer bem a suavidade. Qualquer um que tenha sofrido os efeitos devastadores da suavidade, que se tenha tornado tão forte e tão duro que chegou ao topo por causa disso, sabe do que está falando.

A dureza e também a dureza extrema e impiedosa também não são boas. Devemos praticar a dureza na medida certa.

Parte 1. a suavidade

Os homens moles da antiguidade. Os cavaleiros medievais.

Se há algum grupo de pessoas que tem sido particularmente notado ao longo da história por sua espada, são sem dúvida os cavaleiros medievais.

Nem todos, é claro, mas uma grande parte deles o faz. Eles caíram em uma exaltação de um amor que era claramente ridículo, o que os desviou do caminho. O amor cortês.

Eles levaram a exaltar sua querida, que era uma mulher que muitas vezes nem os conhecia, ou que só os tinha visto e nem sequer tinha falado com eles. Esta senhora que eles queriam foi cortejada de uma maneira muito estranha, ostentando sua masculinidade, coragem e bravura, desafiando a um duelo qualquer um que não elogiasse sua amada. Muitas vezes eles ficavam em uma ponte e não deixavam ninguém passar se não reconhecessem a grande beleza de sua amada. Desta forma, eles pretendiam que seus atos chegassem aos seus ouvidos e que ela fosse conquistada. Esta é a maneira mais estranha de conquistar que já existiu. É como se para conseguir uma garota você fosse para a guerra. Então outros lhe falariam de suas façanhas e vendo o quanto você é corajoso, ela se apaixonaria por você. Por incrível que pareça, isto aconteceu.

Para transmitir os atos e duelos desses homens, havia os trovadores medievais que eram seus porta-vozes. Eles cantaram nos tribunais da grande maravilha que a senhora deveria ser e das grandes obras do cavaleiro. Eles também pregavam um amor casto e puro, rejeitando o amor carnal. Este amor casto era o objetivo do cavaleiro sem pensar em mais nada. Havia vários estados na relação entre o cavaleiro e sua dama. A classificação é a seguinte.

Fenhedor[1]. Aquele que não expressou seus sentimentos pela senhora.

Pregador[2]. Aquele que os manifestou.

Entenda[3]. A senhora sorriu para ele ou lhe deu peças de vestuário. Com isso, o homem estava muito entusiasmado, pronto para matar qualquer um.

Drutz[4]. Aquele que tem culminado a relação com o contato íntimo. O que isto significa é outra questão, pode ser mero contato físico, como escovar a mão ou uma foda[5] completa. Era normal, dada a idealização do amor, passar a noite juntos sem tocar.

Assag[6]. Aqueles que dormem juntos, mas com uma espada entre eles.

Em geral, o cavaleiro medieval praticante do amor cortês buscava o cavalheirismo, o namoro e, sobretudo, o amor idílico sem contato físico, a castidade total. Portanto, os dois últimos foram menos utilizados. O ideal era morrer por amor em algum duelo por sua amada.

Você já viu algo mais absurdo, mais bobo e mais ridículo do que isso? Bem, isto foi o que aconteceu.

O amor cortês é um conceito literário que surgiu na Europa medieval e expressou a relação entre o amante e sua amada de forma cavalheiresca, comparável à relação de vassalagem entre mestre e servo. Geralmente este amor era secreto, porque o amor cortês era um amor

---

1.   https://es.wikipedia.org/w/index.php?title=Fenhedor&action=edit&redlink=1

2.   https://es.wikipedia.org/w/index.php?title=Pregador&action=edit&redlink=1

3.   https://es.wikipedia.org/w/index.php?title=Entendedor&action=edit&redlink=1

4.   https://es.wikipedia.org/w/index.php?title=Drutz&action=edit&redlink=1

5.   https://es.wikipedia.org/wiki/Coito

6.   https://es.wikipedia.org/w/index.php?title=Assag&action=edit&redlink=1

impossível. Este amor ocorreu na mente do cavaleiro e quase nunca se materializou na realidade. Esses tolos já estavam felizes e não aspiravam a foder, beijar ou qualquer outra coisa. Este amor cortês teve seu apogeu no século XIII quando numerosos trovadores cantaram canções de amor em todos os reinos cristãos da Europa.

Estes trovadores tinham nomes tão curiosos como Marcabrú, Bernard de Ventadorn, ou mesmo o rei Alfonso "o Casto" compunha poemas como este.

É o amor de Dom Quixote pela Dulcineia.

Em resumo, uma loucura de proporções colossais. E esta loucura permaneceu na memória coletiva como algo puramente bom e louvável. Influenciou a sociedade e permeou as mentes muitos séculos mais tarde, entorpecendo os homens e colocando-os em pedestais. Foi por causa desses imbecis que as mulheres acreditaram nisso. Foi por causa deles que surgiu a galanteria, a delicadeza e todas as expressões de vassalagem dos homens às mulheres. Que favor eles nos fizeram!

Nem todos eram assim, o primeiro homem chamado William IX da Aquitânia, (1071-1126) era um cabrão antigo que era chamado de "o escultor das donzelas". Este primeiro trovador, surgiu na Occitânia, no sul da França. O primeiro trovador não foi o culpado por toda a besteira, porque ele era um fodido. Foram os seguintes trovadores que não seguiram seu exemplo e começaram a elogiar as senhoras. Este primeiro trovador era um mulherengo engraçado e fodido. Como as coisas mudaram com seus sucessores! Isto não começou como pensávamos que iria acontecer.

As composições de William IX eram eróticas e carnais no tom. Eles tiveram sucesso e se tornaram conhecidos, e com eles os trovadores de poemas e canções se espalharam. Eles eram humorísticos e eróticos. Sua neta Eleanor da Aquitânia[7] foi a mais importante promotora do movimento, juntamente com Maria da França. [8]

---

7. https://wiko.wiki/es/Leonor_de_Aquitania

8. https://wiko.wiki/es/María_de_Francia_(1145-1198)

Logo Marcabru, outro trovador da época, apareceu e disse que as mulheres eram a principal fonte do mal e o instigador do adultério generalizado na corte.

Portanto, a princípio foi um movimento fantástico de fodedores engraçados e misóginos, mas que se transformou em um movimento casto. Deve ter havido um idiota muito tolo que foi o primeiro a elogiá-los.

Estes primeiros não os elogiaram em nada. Estou achando muito difícil encontrar este primeiro trovador, e depois de muita pesquisa ainda não consegui descobrir quem foi o primeiro a elogiar as senhoras. Isto requer um grande estudo.

Eu o encontrei, mas ele não tem nome.

Diz na Internet.

"Um famoso trovador (quem é o bastardo?) veio um dia ao ducado de Aquitânia para cantar a glória dos cavaleiros em sua luta contra os infiéis. A senhora, totalmente entediada com estas canções de guerra, bocejou.

O trovador, para atrair sua atenção, teve uma idéia, ele decidiu agradar a senhora cantando suas virtudes e exaltando-a. Esta senhora, cujo nome era Eleanor da Aquitânia, a neta do trovador, ficou encantada, recompensou o trovador e o manteve a seu serviço. Este tipo de canção rapidamente se espalhou pelo sul da França e deu origem ao que ficaria conhecido como amor cortês.

Os candidatos para este primeiro idiota são.

Chrétien de Troyes 1130[9] - 1183[10]. Ele é um dos iniciadores da literatura cortês na França, embora seja responsável pelo desejo e pela sexualidade. Difícil ser este aqui.

9.　　　https://es.wikipedia.org/wiki/1130

10.　　　https://es.wikipedia.org/wiki/1183

Guilhem de Berguedan 1138[11] - 1196[12] era um trovador[13] aragonês nascido no condado da Catalunha. Este também não o é porque se diz que ele não respeitava as esposas e os criados. Mais um filho da puta.

Martín Códax. Ele também não fez isso, porque era dedicado às canções dos amigos, não ao amor. Que bastardo escondido ele é!

Hendrik van Veldeke. 1150- [14]1190[15] Sua obra Eneit é conhecida como a primeira novela da corte[16]. Pode ser esta! Mas não, as coisas estão faltando.

Godfrey de Estrasburgo. Ele morreu em 1215[17] e produziu a obra mais importante de seu tempo, "Tristão e Isolda", que é uma exaltação do amor. Ele é famoso e exalta o amor - grande candidato!

Bernart de Ventadorn. Nascido por volta de 1130/1145 - morreu por volta de 1190/1200. Ele era muito famoso. Ele viveu lá na Provença Francesa e também coincide com o tempo e o contacto que teve com a Eleanor da Aquitânia. Além disso, todos os seus poemas eram sobre o amor.

Foi ele quem cantou coisas de cavalheiros e Leonor não gostou deles? Quer ele seja ou não, vou estigmatizá-lo e torná-lo culpado de tudo ha, ha, ha, ha, ha. De jeito nenhum, todos eles estavam fazendo figura de parvos. Acho que é este aqui. Por todas essas evidências, aposto seguindo meu instinto que este é o primeiro trovador do amor cortês. Os primeiros prazeres. O primeiro tolo. Essa é a minha teoria. **Bernart de Ventadorn**, que bagunça você fez, seu bastardo!

Os poemas trovadores eram canções acompanhadas de violino, alaúde ou harpa. Nestes poemas, a senhora, que era totalmente passiva e

---

11.   https://es.wikipedia.org/wiki/1138

12.   https://es.wikipedia.org/wiki/1196

13.   https://es.wikipedia.org/wiki/Trovador

14.   https://es.wikipedia.org/wiki/1150

15.   https://es.wikipedia.org/wiki/1190

16.   https://es.wikipedia.org/wiki/Novela_cortesana

17.   https://es.wikipedia.org/wiki/1215

freqüentemente casada, era procurada por um homem de posição social inferior que estava totalmente a seu serviço e a deificava.

O amante passou o dia abstraído de tudo, em profunda meditação, imaginando sua amada, ausente de seu entorno. Isto é o que os homens da época nos dizem - que fricção!

No século XV, isto atingiu seu auge. É chamado de amor cortês porque ocorreu na corte, é um amor não correspondido que não busca a união física. É um amor que sofre há muito tempo e que não espera alcançar nada carnal. É um amor secreto e frustrado. É místico porque o amado é colocado em um lugar tão alto quanto Deus. É uma imbecilidade!

Que besteira!

Os trovadores medievais tinham um precedente nos poetas árabes românticos, que podem tê-los influenciado. Havia um rei chamado Almutabir, o rei poeta. Mas eu não irei mais longe. Por causa de seu manejo da espada, eles perderam sua masculinidade e deixaram de lutar como homens duros e perderam Al-Andalus, sua jóia. Boabdil de romã foi o último rei mouro. Ele foi ridicularizado por sua própria mãe por toda a eternidade quando ela lhe disse, depois de perder Granada. "Chora como uma mulher por aquilo que não soube defender como homem".

Garcilaso de la Vega foi outro que, depois de tudo isso ter passado, o trouxe de volta à moda. Ele foi um poeta espanhol que adotou as formas de amor cortês algum tempo depois de ter surgido no século XI. No período em que viveu 1496-1536 ele compôs vários poemas um pouco mais próximos da linguagem que temos hoje, porque os originais do século XI estavam em um castelhano muito antigo que é difícil de entender. Este pode ser entendido e eu o dou como exemplo.

"Seu gesto está escrito em minha alma
E quando escrevo de você eu desejo
Você mesmo o escreveu, eu mesmo o li.
Somente que eu ainda guardo isso de você

Isto é o que eu sou e sempre serei
Que mesmo não havendo espaço em mim para o que vejo em você
De tanta coisa boa eu não entendo o que não entendo eu penso
Já tomando a fé como certa
Eu nasci apenas para te amar
Minha alma te reduziu ao tamanho
Por hábito da própria alma eu te amo
O que eu tenho, confesso que lhe devo
Para você eu nasci, para você eu tenho vida
Por vós eu morrerei e por vós eu morrerei".
Ole tus huevos Garcilaso! É assim que as pessoas são agora.

Os macios da antiguidade. Os Românticos do século XIX.

Estes mais perto de casa causaram ainda mais danos aos homens de hoje. Os Românticos do século XIX e até mesmo os pós-Românticos do início do século XX têm sido uma verdadeira dor de cabeça. Estas personagens também foram dadas para exaltar as mulheres, por serem cavalheirescas, atenciosas, amorosas e andarem por aí apaixonadas, muito suaves, muito suaves, e evidentemente, as mulheres abusaram dela. Porque ter uma espécie de servo a seu serviço nada mais fez do que encorajá-los a acreditar ainda mais e abusar dele. Vamos dar uma olhada de perto neste movimento e em um dos maiores expoentes do romantismo, Gustavo Adolfo Bécquer.

Romantismo.

Este movimento elogiou a liberdade do homem ao dar prioridade aos sentimentos. Era uma forma de sentir a natureza e a vida de uma forma sensível. Criatividade, aventura, nostalgia de paraísos perdidos e eras passadas foram encorajadas. Houve uma busca do exótico, do extravagante e do diferente. Havia uma admiração pelos tempos medievais e, portanto, por seus cavaleiros corteses e tolos. A poesia é sublimada como um grande modo de expressão.

Em resumo, foi um movimento nostálgico do passado que exaltou os tempos dos cavaleiros medievais, com toda a aberração e ridículo que eles tinham. O romantismo trouxe para os homens, submissão, servidão e prostração diante das senhoras novamente. Senhoras que se levantaram novamente como se fossem princesas.

Vamos ver o que aconteceu com...

Gustavo Adolfo Bécquer.

Coloco trechos da wikipedia comentados por mim em vermelho.

"Ele era um poeta[1] e contador de histórias espanhol[2] que pertencia ao movimento pós-romantismo[3]. Embora ele tenha alcançado um certo grau de fama durante sua vida, após sua morte ele alcançou o prestígio que desfruta hoje. Sua obra mais famosa é Rimas[4] e Lendas[5].

"Por volta de 1858 ele conheceu Josefina Espín[6], uma bela jovem de olhos azuis, e começou a cortejá-la (à moda antiga com toda a corte de sempre)"; logo, no entanto, ele notou a mulher que se tornaria sua musa irremediável, a irmã de Josefina e a bela cantora de ópera Julia Espín[7]. Gustavo se apaixonou (ele disse que o amor era sua única felicidade) e começou a escrever as primeiras Rimas (Meu Deus, que desastre!), mas a relação nunca se consolidou porque ela tinha objetivos mais elevados e não gostava da vida boêmia do escritor, que ainda não era famoso".

Aqui vemos fatos totalmente semelhantes ao que acontece hoje, o homem, apesar de ser muito brando, tinha a intenção de seduzir

---

1.   https://es.wikipedia.org/wiki/Poeta

2.   https://es.wikipedia.org/wiki/España

3.   https://es.wikipedia.org/wiki/Posromanticismo

4.   https://es.wikipedia.org/wiki/Rimas_(Bécquer)

5.   https://es.wikipedia.org/wiki/Leyendas_de_Bécquer

6.   https://es.wikipedia.org/w/index.php?title=Josefina_Espín&action=edit&redlink=1

7.   https://es.wikipedia.org/w/index.php?title=Julia_Espín&action=edit&redlink=1

e não se contentar com Josefina, tentou com sua irmã, mas falhou terrivelmente, porque a hiperergamia já existia naquela época.

"Então, entre 1859 e 1860, ele amou apaixonadamente uma "dama do curso e da administração" de Valladolid[8]. Mas a senhora, quem quer que fosse, cansada dele e de seu abandono, mergulhou-o no desespero".

Mais enganoso de sua parte, falhando terrivelmente e sendo afetado por isso. Afetado, não, muito afetado, é de lá que vem sua poesia, suas estrofes melancólicas de amor não correspondido. Amigos, que história triste!

"Em 1860, ele publicou "Cartas literárias a una mujer[9]", na qual explica a essência de suas rimas, que aludem ao inefável. Na casa do médico que o tratava de uma doença venérea, ele conheceu a mulher que se tornaria sua esposa, Casta Esteban y Navarro[10]".

Além do pouco que o homem podia fazer, ele foi infectado com uma doença venérea muito grave, provavelmente alguma prostituta, quem sabe, mas pelo menos ele transou!

Casaram-se na igreja de San Sebastián[11] em Madrid, em 19 de maio de 1861, e ele teve três filhos com ela. No entanto, em 1863 ele sofreu uma grave recaída de sua tuberculose. Ele trabalhou com seu irmão Valeriano, cujo relacionamento com Casta não era bom, pois ela não suportava seu temperamento e sua presença constante na casa.

Ali estava ela, esta mulher estava passando um mau bocado não só para ele, mas também para seu pobre irmão. Ela entrou na casa, interferindo em tudo e escravizando ambos com suas exigências e recriminações. Disseram que ela era uma mulher de vontade forte, dominadora e mandona. Não é coincidência que um homem mole

---

8.   https://es.wikipedia.org/wiki/Valladolid

9.   https://es.wikipedia.org/wiki/Cartas_literarias_a_una_mujer

10.   https://es.wikipedia.org/w/
   index.php?title=Casta_Esteban_y_Navarro&action=edit&redlink=1

11.   https://es.wikipedia.org/wiki/Iglesia_de_San_Sebastián_(Madrid)

tenha caído nas redes de uma mulher assim. Para ela, ele deve ter sido um fracote.

"Em 1866 Casta é infiel a ele, e em dezembro seu terceiro filho, Emilio Eusebio, nasce em Noviercas, dando origem a sua tragédia conjugal, pois se diz que este último filho é o filho do amante de Casta".

Fique frio e engula. Graças a Deus foi chamado de casta! Isto é o que acontece quando você mostra um caráter carente e suave.

"Possivelmente devido a um frio do inverno na primeira quinzena de dezembro, seu já precário estado de saúde piorou, e ele morreu no dia 22 daquele mês. Que Deus o preserve.

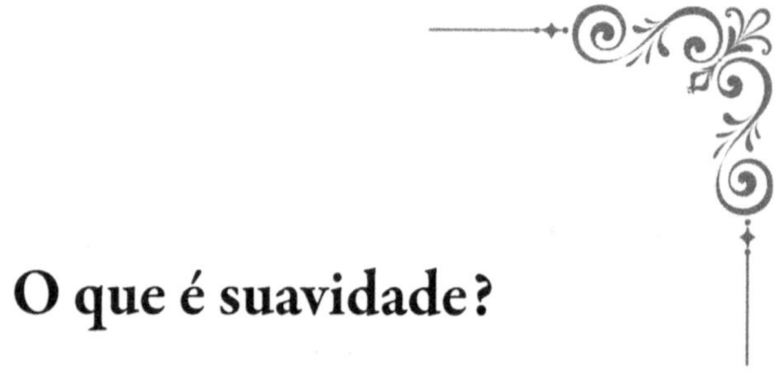

O que é suavidade?

A suavidade é a tendência natural que nós homens temos de ser afetados pelas qualidades atraentes das meninas bonitas, de modo que esta afeição condiciona nosso modo de pensar e nossas ações; tornando-nos agradáveis, necessitados para vê-las, excessivamente úteis, excessivamente educados, excessivamente dedicados a elas. Esta suavidade surge em nossa cabeça e o que ela faz é nos fazer perder nossa masculinidade e atratividade.

Não podemos mudar nossa maneira de pensar dependendo da garota que pegamos e sermos duros com uma garota que não gostamos e macios com uma garota de quem gostamos, temos que ser igualmente duros com ambas. Não fazer distinções. Esta suavidade obviamente vem de sua beleza, seus gestos, sua aparência, de algo que nos atrai e nos faz sentir emoções que nos levam a nos apaixonarmos. Isto é terrível e catastrófico para nossas chances de seduzi-los. Assim que a suavidade nos ataca, nossas opções ficam arruinadas.

Pode aparecer apenas por estar com ela sem beijá-la ou qualquer outra coisa, esta seria a maior suavidade de todas. Quanto mais cedo ela aparecer, maior será a suavidade. Se ela se der depois de dormir com ela, você tem sido muito mais difícil do que se ela se der apenas na primeira vez que você a vê.

Esta suavidade não vem da culpa dos cavalheiros ou da programação da sociedade, é algo interno às nossas emoções. É natural, e por isso é muito difícil erradicar. Se a menina toca nossos corações, faz bater nossos corações, nos faz entusiasmados com sua beleza, sua voz, seus movimentos, ou o que quer que seja sobre ela; então, pouco a pouco, vamos cair mais e mais em suavidade e seremos homens sem caráter ou personalidade que dirão sim a tudo. Estaremos assediando-a fingindo conhecê-la, enviando-lhe mensagens, dizendo-lhe coisas lisonjeiras e lixando-a totalmente com nosso desejo de vê-la.

Suavidade é a suavidade que ocorre quando nos comportamos de forma carente em relação a uma garota muito bonita e atraente. Ela não tem culpa de abusar de nós, porque se vê como superior, ela sabe que nos levou até lá, fascinada, entusiasmada, ansiosa para vê-la.

Um homem tão fácil de conseguir não é um desafio para ela, nem projeta nenhuma atração para ela. Ela tem que ver coisas em nós que a excitam e fazê-la sentir também essa suavidade. Temos uma arma poderosa que é projetar nossa tremenda atração e conseguir a suavidade para atacá-la. Apesar do fato de ela ter muitos outros homens, somos os mais atraentes e procurados por ela. Mais tarde explicarei como combater esta suavidade bem combatida.

O que é suavidade
grande?

O esguicho é quando fazemos ações carentes, lisonjeiras e úteis, quando mostramos um status inferior a ela em nossa cabeça, o que ela rapidamente pega em cima. O que diferencia a suavidade da suavidade é que este fenômeno ocorre com qualquer garota que não seja bonita e atraente. Isto é muito mais sério do que suavidade, o que é mais natural, porque é normal que nos sintamos fortemente atraídos por uma garota muito bonita.

A suavidade vem ou de uma necessidade brutal de afeto, ou de uma solidão mal tratada, ou de não saber estar sozinho, ou de ter um caráter altamente dependente e carente. Faz com que aquele que o comete seja rejeitado pela garota que ele está tentando seduzir. Se um homem é amolecido por qualquer mulher, ou seja, se ele é amolecido, isto é muito sério, porque este homem está acima de sua cabeça. Se não é preciso uma garota bonita para excitá-lo, ele está desesperado para conseguir qualquer garota.

A fala suave é típica de tolos, meias-sugas e ursinhos de pelúcia que são sempre carentes e úteis para mulheres feias, pouco atraentes ou desagradáveis. Sempre elogiando, sempre agradando.

A suavidade é algo que está presente em sua cabeça, gravada no fogo. Sempre esteve presente através das influências suavizantes das coisas que ele vê, lê ou ouve. Coisas a que ele foi exposto programaram sua mente. Se a suavidade vem deles, significa que elas estão acima de suas cabeças, porque qualquer mulher os excita, o que eu acho muito difícil de entender.

A solução para ambos será dada no decorrer deste livro.

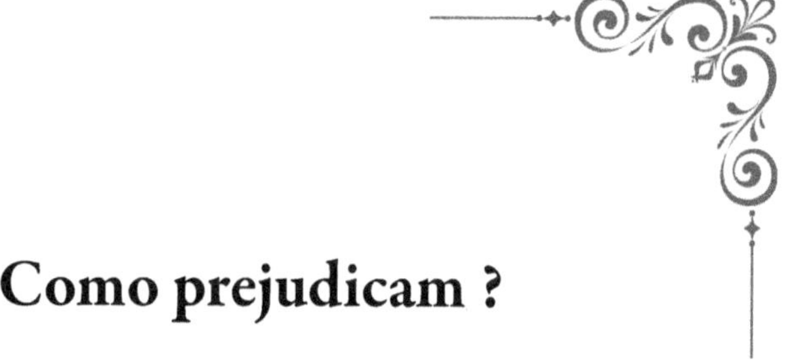

Como prejudicam ?

Eles são muito prejudiciais, porque a avaliação que a garota faz de nós será muito ruim. Sem dúvida a moça vai pensar que somos pessoas muito simpáticas, dignas de elogios por nossa atenção e cavalheirismo, mas ela não vai nos ver como atraentes.

Ela nos verá como um servo dela, alguém que está ali ansioso para agradar, alguém subserviente e bondoso, alguém que a idolatra. Uma pessoa que está muito abaixo dela. E apesar de todas essas atenções e avaliações, seremos uma pessoa de muito baixa atratividade. Não seremos um desafio, não um homem de verdade.

A masculinidade está na cabeça, não no músculo. Um homem necessitado e forte perderia em uma briga com o homem mau, porque o homem mau tem a astúcia e a autoconfiança que o outro homem, embora mais forte, não tem.

Ela não se sente atraída pelos moles, ou pelos moles, porque ela não vê neles um homem de verdade. Ela vê um homem inferior para quem ela é o prêmio, um homem que, independentemente de seu físico, é de baixo valor por causa de seu caráter carente. Ele só pode ter sucesso se ela gostar dele, apesar de seus terríveis erros. Neste caso, ele será escolhido por outras qualidades às quais ela atribuiu mais importância do que estas graves falhas. Às vezes é interesse econômico, às vezes é simplesmente conformismo, às vezes é desejo de não ser prejudicado por meninos maus, às vezes é porque ele é visto como um homem paternal. Ou seja, apto a ser pai. Ela não ficará entusiasmada com isso, mas pode valer a pena.

Ser mole ou mole é uma grande desvantagem e se não for atraído por questões estratégicas, ser mole ou mole não lhe dará uma chance de sucesso com qualquer uma delas.

Este caráter carente arruinará bons físicos e, mesmo como um super pedaço, você não será capaz de atrair meninas.

O corpo vale muito pouco se as coisas forem muito mal feitas.

Atração química.

Uma parte importante da suavidade não é de todo culpa sua, mas vem da atração química. Esta atração química é produzida por feromonas. Quando você está com uma menina e percebe que realmente gosta da maneira como ela cheira, então ocorre uma espécie de ligação química e você fica viciado nas feromonas dela. Isto é terrivelmente difícil de superar, porque é uma coisa química que faz você precisar estar com aquela pessoa para se sentir bem. É o único tipo de suavidade que você não consegue superar facilmente.

Quando estamos com essa pessoa nos sentimos maravilhosos, sentimos o cheiro dela e nos sentimos cada vez mais atraídos por ela, e não há absolutamente nada que você possa fazer para evitar isso.

A própria natureza criou este vínculo, e por uma razão. Você tem a vantagem de que isto é criado pela própria natureza para formar casais que são sexualmente muito compatíveis.

Não podemos lutar contra a natureza.

Se isto acontecer com você, então ela é uma parceira ideal para você, pelo menos hormonalmente e quimicamente. Se você estiver quimicamente ligado, você será viciado nela mesmo que ela se comporte de maneira que você não goste, e você fará todo tipo de coisas suaves.

Mas tudo bem, porque isto é recíproco e ela é a mesma ou pior do que você. Se é uma pessoa que você gosta, talvez você devesse se entregar ao relacionamento, porque a natureza assim o quer. Mas se ela é uma pessoa que tem um caráter desagradável, ou se você não gosta de algo nela, você terá que lutar com todas as suas forças para se desvincular deste tipo de droga química que o prende a ela.

Isto é como o macaco de que sofrem os viciados em drogas.

Uma boa solução é sair com os outros e valorizá-los mais do que esta. Às vezes isto não é suficiente porque a atração química é muito forte e somente esta é suficiente para você. Ao menos você se distrai um pouco e se torna independente. Talvez você se sinta atraído quimicamente por um dos outros e alguns feromônios neutralizem os outros e você esteja livre de engatar os outros.

Se for muito atraente, você tem que contra-atacar com dois, três ou quatro, dependendo de quão preso você esteja.

Para desintoxicar você terá que passar um mês sem vê-la, após esse tempo a memória do efeito químico desaparece e com isso a dependência de vê-la e de estar com ela. Você ficará bem desde que não a veja. Mas a atração ainda está lá. Seis meses terão que passar antes que você esteja 100% livre.

Se você a vir novamente antes desses 6 meses acabarem, será desumanamente difícil para você, sentirá o cheiro dela e enlouquecerá, porque perceberá que é disso que você precisa, dela. Você será pior do que nunca, você se lembrará de tudo idealizado e romanticamente e uma extrema, imensa e imparável suavidade tomará conta de você. Você vai ficar fodido, mas bom, bom. Você fará coisas totalmente suaves como pedir-lhe para voltar e se humilhar sem dignidade por ela. Você vai perder seu traseiro por ela e fazer figura de tolo. Ela o verá como horrível e felizmente o sacrificará, porque vê-lo assim também não é o que ela quer. Não caia nunca nessa. Não volte a vê-la e se por acaso você a encontrar, fuja, ou cairá na mais extrema suavidade. Estes serão os piores momentos de sua vida, portanto, evite-os.

Não a veja mais, porque se você a vir novamente nesses 6 meses de cura, essa dependência química brotará novamente, mais forte do que nunca e você se sentirá como merda sem ela. Você tem que cortar na raiz se ela realmente não for a garota que você quer.

Mas se ela for agradável e agradável, pelo menos temporariamente, você deve se deixar levar por um pequeno relacionamento e aproveitar o alto que o amor dá. Se você lutar, será pior, você terá que fluir e se render. Você não pode estar sempre flertando indefinidamente, a vida o colocou lá por uma razão e você também deve fluir em direção ao oposto do que você queria, que era flertar sem compromisso. Para realmente flertar mais tarde, você tem que sucumbir agora.

Uma vez que a alta do caso amoroso tenha terminado, um dia, mais cedo ou mais tarde, você deixará de sentir esse absurdo e poderá continuar sua maldita jornada com paz de espírito.

Resistir a esta atração é falhar, pois o que você fará é ser cada vez mais atraído e sofrer terrivelmente. Você deve ficar totalmente intoxicado, e uma vez bem intoxicado, os efeitos desta atração química passarão por pura overdose. É mais rápido sair dela se rendendo do que lutando contra ela. Acredite em mim, muito em breve, muito antes do que você pensa, este vício desaparecerá e você poderá continuar seu caminho mais forte e mais sábio do que nunca.

Eu vejo assim, se você cair em uma atração química, você caiu em um rio. Você não deve lutar contra a corrente, porque isso vai esgotar suas forças e, finalmente, de tanta luta você vai estourar e se afogar, caindo em profunda paixão e total maciez. Para lutar contra este rio que o arrasta, você deve se deixar ir, ser exposto a ele; logo você verá todos os seus disparates, seus defeitos, suas besteiras e que a corrente o leva placidamente para a margem, em um tempo muito curto você terá vontade de flertar novamente. Você flertará e sairá deste rio que o arrastou com grande facilidade. Isso é o que você deve fazer.

É como uma fumaça que desvanece, é acreditar que você está apaixonado e perceber que você está superando isso em pouco tempo. Se você entrar no relacionamento em alguns meses no máximo, ele irá embora, mas se você lutar contra ele você pode passar anos fodido na cabeça por não ter se dado e por não ter gostado também.

Se você decidir não vê-la, você também sairá dela, mas muito mais difícil. Você sofrerá mais e a idealizará durante anos, você a recordará como uma maravilha. Isso é o que acontece com você porque não se envolveu no relacionamento. Se você se envolver, acabará se lembrando dela como um incômodo que estragou alguns meses, às vezes apenas semanas, com uma relação tola, e não transcenderá mais e você não se lembrará mais dela.

Não tenha medo, jogue-se no rio e você escapará com facilidade.

Isto aumentará sua sabedoria, pois não se trata apenas de paquerar. Você precisa engolir o sofrimento insuportável de uma relação, isso o tornará mais duro e mais desapegado do que nunca.

Caso você esteja no rio, no relacionamento, você está nele há 6 meses e ainda não tem vontade de flertar, então a garota o pegou. Você já deveria ter percebido que não vale a pena desperdiçar mais oportunidades. Neste caso, você tem duas opções, ou fica preso lá indefinidamente, ou a deixa e começa a paquerar novamente, mesmo que seja difícil. É mais difícil ficar e perder as infinitas experiências que outros irão desfrutar, não você.

Se você ficar com ela, pode traí-la e estar lá, lá, entre ser um namorado e ser namorado. Você fará os dois mal ou pelo menos regularmente, porque não pode se dedicar inteiramente a um dos dois, mas é isso que a maioria das pessoas faz.

Ela o alcançará e seu flerte se tornará cada vez menos, à medida que você se instala e faz cada vez menos esforço. Se ela for muito mimada e lhe der liberdade, em alguns casos você poderá ficar assim por muito tempo, com relativamente poucos problemas.

Outra maneira mais poderosa de escapar desta atração química é foder sua garota como louca de uma forma dominadora e pornográfica. No final, ela será mais atraída por você do que você por ela. Graças a isso, ela será a única que ficará mole. Você deve praticar esta técnica em conjunto com o deixar ir com o fluxo e você sairá do feitiço muito rapidamente.

                    JOHN DANEN

Observe também o que você diz e faz. Observe-se objetivamente, se você vê algo que não gosta em si mesmo, fuja. Torne-se o mais atraente possível, ela será a única que fará um alarde no final e seu alarde o afugentará.

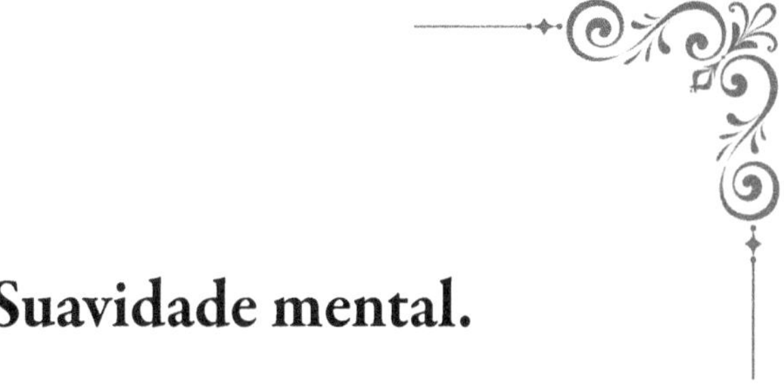

Suavidade mental.

Este tipo de maciez é muito mais fácil de destruir do que a maciez anterior. A suavidade mental tem sido produzida por nossas mentes, muitas vezes por idéias que foram incutidas em nós que nem sequer são nossos pensamentos. Como é uma construção mental e não envolve atração química, ela pode ser facilmente destruída através do raciocínio.

Uma pessoa é mentalmente suave se ela pensa que é o prêmio, que é uma maravilha, que é digna de admiração. Todas estas idéias foram colocadas na cabeça das pessoas tendo sua origem nos trovadores medievais, depois passaram para seus continuadores românticos e finalmente encontraram seu caminho em filmes, seriados, canções, galantries e outras besteiras escravas, e assim chegou até você.

Você pode ter ignorado tudo isso, mas agora você sabe.

Se você vive na América Latina, onde não existiam cavaleiros medievais, isto soará estranho para você. Foram os espanhóis que trouxeram este disparate galanteador para suas cabeças, o transmitiram aqui também, e ele se espalhou através das gerações, permeando tudo.

Os espanhóis tiraram isso dos franceses, então eles também não têm culpa, a culpa é do primeiro tolo que começou a adorar as mulheres como se fossem uma maravilha. Isso não acontecia em Roma, nem na Grécia, nem em outras civilizações antigas.

Um trovador que aborrecia a senhora contando as façanhas de batalha queria ser apreciado, queria ser bem sucedido e ganhar mais dinheiro. Ele pensou em cantar sobre sua beleza para ganhar seu favor.

Ele conseguiu e, por causa deste ato, o que aconteceu aconteceu aconteceu. **Bernart de Ventadorn** foi o primeiro trovador a elogiá-los. Devido a este ato, pelo qual ele mesmo não é realmente responsável, pois ele só queria sobreviver melhor, foi criada depois uma escola inteira de prazeres. Como eram agradáveis, exageravam cada vez mais os encantos da senhora e a submissão do amante, e o que deve ter começado como uma brincadeira e como uma coisa engraçada, acabou sendo real depois de pouco tempo.

Isto perturbou a mente dos homens do tempo e transcendeu o tempo e o espaço, permeando toda a cultura ocidental. Como resultado, nós humanos temos sofrido muito. Este absurdo se tornou popular e foi quando perdemos a posição vantajosa que tínhamos antes.

A suavidade mental é combatida com idéias. Você deve internalizá-los bem. A fim de banir a maciez mental que o estultifica e o impede de brilhar, pense cuidadosamente em cada uma destas frases. Internalizá-los e agir sempre com isto em mente. Quase sempre isso acontece como lhes digo aqui.

Ela é apenas mais uma tola auto-importante. Esta é toda a verdade, basta olhar para suas mídias sociais para ver toda sua superficialidade e extrema ignorância de tudo.

Ela é uma criança que nada sabe. Ela só vive para seu narcisismo.

Seu único mérito é ser quente. E nem mesmo isso, ela nasceu dessa maneira.

Como ela não tem grandes qualidades morais, não tem bondade, não tem virtudes, ela deve ser quente!

Se eu lhe der poder, agradando-a, ela me escravizará. Os pobres homens que se casaram com elas sabem disso. Eles são R.I.P. na vida.

Elas fizeram muito mal aos homens ao longo dos milênios, muitos homens bons sofreram por amor, digam isso a Becquer!

Se eu me apego a ela, perco minha liberdade e minha essência. Ela assumirá tudo e eu serei apenas seu servo como um trovador medieval.

Galanteria e atenção excessiva são minha declaração de inferioridade que me submete e me coloca sob seus pés.

Não existe um homem líder. Esta é uma construção de romances e filmes. Os chamados galantes são homens duros, soltos e independentes. Por fora podem ser galantes e tratá-las bem, mas por dentro cada um e cada um deles sabe o que tem, egocêntrica, mandão, muitas vezes superficial, não qualificada, infantil, caprichosa e ignorante. Eles sabem como tratá-las e como conquistá-las. Com sua dureza, com suas ausências, com sua encantadora atração sem vergonha as conquistam, nunca com galanteria!

Não se deixe afetar pelas divagações dos nerds medievais virgens. Os mais burros de todos os tempos não vão ditar como as coisas devem ser. Seja guiado pelos mestres da sedução, seja guiado por mim.

Pseudo-coaches de
sedução.

Todo treinador chamado de sedução que fala de galanteria e modos como uma técnica de sedução, ou que simplesmente fala em fazer o bem, ou altruísmo e não lhe diz todas as coisas ruins que tem, está fodendo com sua cabeça. Ele está lhe prestando um mau serviço. Esses treinadores de má qualidade devem comprar uma lira ou um alaúde e começar a compor poemas para sua amada.

Eles leram psicologia e falam a partir do que outros encontraram, não a partir de sua própria experiência.

Deixe que eles se afastem e observem bem como aqueles de nós que realmente sabem como fazer as coisas. Há aquelas vitórias que nos apoiam. Há nossa monstruosa produção de flertes. Esses homens, o que eles pegaram?

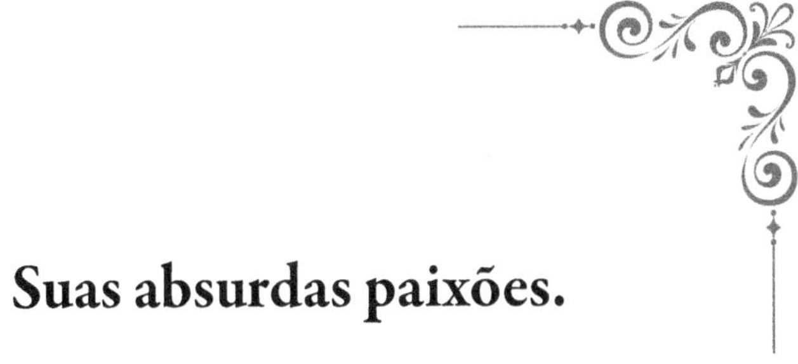

Suas absurdas paixões.

Chegou um momento difícil. O momento em que você deve refletir sobre como tem sido sua vida até este ponto. Chegou a hora de lembrar de suas absurdas paixões e de como elas o prejudicaram.

Normalmente aparece uma garota por volta dos dezoito ou vinte e poucos anos que nos faz apaixonar e nos enfraquece terrivelmente, além de que este amor romântico nos ataca por causa de nossa ingenuidade, desinformação e toda a programação mental que você sofre, somos muito puros e inocentes naquele momento e isto é lembrado por muitos, muitos anos como algo maravilhoso.

O que aconteceu foi que realmente desperdiçou alguns anos de sua vida que você poderia ter gasto em flertar. Muitas vezes você liga uma namorada com outra e pode passar uma década ou duas sem sair no mercado, com a experiência que você teve quando tinha quase 20 anos de idade. Você saberá muito sobre relacionamentos, mas será fraco quando se trata de flertar.

Suas paixões absurdas o fizeram:

Você se divertiu muito quando estava com elas e tudo estava indo bem.

Você terá um momento terrível quando as relações se romperem.

Você ficou escravizado a elas e sofreu horrivelmente.

Você passou algum tempo perdido, amargo, sentindo-se como uma vítima, um homem desprezado que havia sido ferido e achou difícil abrir-se para o amor novamente.

Elas fizeram as boas garotas pagarem pelos danos causados a você por essas namoradas iniciais que o deixaram todo fodido.

Entre o tempo que você passou com elas e o tempo que levou para se recuperar completamente, muitos anos foram perdidos, nos quais você poderia ter conhecido garotas simpáticas e tê-las deixado logo depois, se divertindo sem entrar em um relacionamento e sofrendo tolices.

Você deixou de ter experiência com outras meninas e isto lhe causa um pouco de falta de auto-estima, porque você vê que outros estiveram com muito mais meninas do que você e você pode se sentir invejoso ou inferior.

Pode acontecer em alguns casos muito sérios que você não ultrapasse isso e vá direto a um psiquiatra, ou que você fique muito deprimido, ou que nunca mais seja o mesmo por causa das coisas ruins pelas quais passou.

Isto nunca acontecerá com você se você for um sedutor e estiver por aí dormindo com garotas sem compromisso. Somente aquele que é muito mole ou mole demais é ferrado por sua interação com elas como sedutor.

Mas não vamos reclamar muito, o que aconteceu foi o que tinha que acontecer para que a vida fluísse. Graças a isso, você atinge aquele estado de dureza necessário para poder se relacionar bem com elas.

Na vida não há atalhos, tudo se aprende com pancadas. É necessário tomar grandes golpes na hora certa para que você possa forjar bem. Aqueles que não levam nenhum golpe são covardes que nunca correm riscos e quando levam o golpe, ele será definitivo e não se recuperarão. Não importa o quanto você tente evitá-lo, ele virá.

Essas paixões tolas da juventude são como o ferreiro que forja a arma com martelos. E assim você aparece um pouco antes dos 30 anos de idade como uma máquina de sedução. Um terminador do amor, e você começa a irromper no mercado com seu enorme poder.

É exatamente aí que as pessoas se casam entre 26 e 29 anos. Essa é exatamente a época em que eles realmente começariam sua jornada no mundo da sedução. Quando se tem a experiência e as pancadas difíceis e se está realmente pronto, é quando as pessoas se aposentam. Quando as coisas boas estavam prestes a começar, eles vão e se retiram. Eles levaram o mau, mas não o bom. É preciso perseverar!

Às vezes, após falhas tremendas, tudo muda de repente. Graças a essas falhas, sua mente muda e você se torna realmente duro e competitivo. Temos que ser gratos por todos os sucessos e fracassos. Precisamente estes tremendos fracassos são seus construtores e seus professores. Tudo o que acontece com você é necessário. Não resista ao fracasso e à vitória.

O fracasso é a semente da vitória, nunca há uma vitória sem um aprendizado difícil. Nunca sem uma longa lista de terríveis falhas de antemão.

Eu também vou fazer um poema.

Hino à dureza.

Seu capricho absurdo o enfraqueceu.
A suavidade veio à tona
A tristeza o absorveu
Mas graças a eles
Você foi realmente forjado
E agora apenas a dureza
Está em sua cabeça
E com esta aptidão irreverente
Você vai ao redor do mundo
Cativam suas mentes
Você se torna independente
E auto-suficiente
E você é um grande campeão.

A programação mental da suavidade pela sociedade.

Não é preciso ser muito esperto para perceber que a sociedade programa os homens para serem brandos. Como eu disse antes, isto foi culpa dos cavaleiros medievais.

Basta olhar para os filmes românticos onde a garota é sempre o prêmio, e onde se enfatiza a idéia de que o melhor é ter uma relação formal. Há até mesmo alguns filmes em que se diz que é preciso casar antes dos 30 anos, dando a idéia de que aqueles que permanecem solteiros além dos 30 anos são pobres e infelizes fracassos de vida. Nada poderia estar mais longe da verdade, é aí que a porra da festa começa.

Sem mencionar as canções, onde os sofás queijinhos andam por aí chorando sobre seus infortúnios, perdendo seu amor, elogiando-os e dizendo aberrações reais como - sem você eu não sou nada - e coisas assim, tão macias que são vômitos.

É do interesse da sociedade criar homens assim, suaves, maçadores, conformista, conformista, maçadores. Homens apócrifos que são facilmente manipulados pelas elites.

Você tem ouvido essa merda toda a sua vida desde o momento em que nasceu até agora. É hora de você perceber que é assim e que você vai continuar ouvindo até morrer, mas pelo menos você vai estar ciente de que elas estão tentando programá-lo e você vai lutar contra isso.

Os romances rosa, graças a Deus nunca os li em minha vida, mas a verdade é que posso facilmente imaginar como eles são. Elas também são programadas, de modo que as fazem acreditar que devem ter seu príncipe encantado, seu grande cavaleiro medieval.

Ouso dizer que esta programação é algo intencional que procura restringir o acesso às mulheres. Ao tornar todos os homens macios e casarem-se rapidamente com um, eles asseguram que depois de 30 apenas eles, os programadores, estão lá para se beneficiar de todas elas, e a vida é muito longa. Os poucos que não puderam ser programados, eles têm muito sexo. Eles não comprometem estas instalações imbecis. É uma teoria que eu acabei de inventar.

O fato é que tudo, absolutamente tudo, da igreja, à escola, aos filmes, canções, romances, tudo encoraja a mais extrema cegueira. É por isso que você tem que prestar atenção ao que está tocando enquanto está falando, ou ao que está na TV. Você tem que eliminar estas influências muitas vezes subliminares, não dê ouvidos a nenhuma delas. É muito importante se endurecer ouvindo a música dos durões.

Rammsteim, Einsbrecher, ou Marilyn Manson ou o que você quiser. Mas que sejam as pessoas que não elogiam o amor. Embora Marilyn Manson varie às vezes suave para as mulheres, às vezes muito duro, é difícil classificá-lo. Ao menos sua música é poderosa e não o leva à suavidade.

Tenha exemplos de masculinidade e dureza e tente ser como eles. Os homens duros são difíceis de conseguir. Há muitos grandes exemplos de tipos duros e fodedores, olhe para essas pessoas e não deixe que elas bombardeiem sua cabeça com suavidade ridícula.

O pior brandishing.

Dentro da suavidade também há níveis, há aquele que é ligeiramente macio e está ciente disso, para aquele que é muito macio e não está ciente disso. Esta consciência ou inconsciência é muito importante. Aquele que está inconsciente de sua maciez é muito mais suave do que aquele que está consciente.

Vou falar da maior suavidade de todas, a maciça suavidade de quem está apaixonado, não é muito recíproca e, para agradar, nega-lhe que está apaixonado, aquele que sofre como um tolo e, além disso, não sabe que é brando.

Pode acontecer que um homem que está muito apaixonado por uma mulher precise muito vê-la, fique nervoso quando a vê e esteja com ela, mas sofra mais do que gosta. Esta sensação está localizada no peito e causa grande angústia e desconforto, tristeza e nostalgia, você se sente desamparado, triste e melancólico.

Você idealizou a garota e se apaixonou loucamente por ela. Ela está com você, o que é muito pior do que não tê-la, porque ela está lhe dando uma vida muito ruim, você está sofrendo por não vê-la, você está em grande necessidade, quando você a vê seu coração bater, você se sente nervoso, às vezes você até fica preso por palavras. Você mostra sentimentos e emoções que ela mal reciprocamente. Isto o faz sofrer enormemente.

Você está lá tocando seu rosto, olhando para ela, dando-lhe beijos, acariciando-a, e ela logo se afasta, beijando-a muito pouco, parece que tanto amor a incomoda. Ela também não quer conhecê-lo no dia seguinte porque vai sair com amigos, ou ela lhe dá a volta e diz - nos vemos mais tarde-.

Você tenta fazer algo concreto e ela não quer, ela está em outras coisas, se ela está com você é simplesmente por sua insistência, ela não está muito convencida, ela se deixa amar um pouco, não muito, ela não gosta que você mostre muito seu amor. Ela lhe dá amor em dribs and drabs.

Esta situação é lamentável e eu a conheço bem como tenho passado por ela. Ninguém está a salvo de cair nesta merda. Tudo que você tem que fazer é ser tocado por uma bela, atraente, carismática, louca, festeira e você vai se apaixonar pela garota que você achava que era forte e dura.

E a suavidade pode ir ainda mais longe. O próprio amante pode negar, gaguejando e incoerente, que ele está apaixonado por ela. Ela o repreendeu por se apaixonar tanto e ele, que está viciado e apaixonado pelo punho, lhe disse que não, está tudo bem, ele não está apaixonado.

Mas o oposto do que ele está dizendo acontece, ele é terrível, mas para agradá-la e sobretudo por medo de perdê-la, ele lhe diz que não está apaixonado e continua a sofrer como um imbecil. Meu amigo, este é o maior erro de todos, estar apaixonado e negá-lo por medo de perdê-la.

Sempre haverá discussões, longas horas ao telefone tentando consertá-la, tentando levá-la a mostrar mais amor, mas tudo em vão. No final da conversa você se sente ainda pior do que antes de chamá-la.

Isto me aconteceu por volta dos 24-25 anos de idade. Você nem sempre está no topo.

Esta situação aconteceu quando, devido a várias circunstâncias: eu era muito mole, minha namorada de toda a minha vida me deixou, houve mudanças de endereço, estudos difíceis, e para completar, conheci uma garota fantástica, mas muito fria, que fez você sofrer. Você se sentiu melancólico e quase deprimido. Anos difíceis.

Mas pode ficar ainda pior quando ela o deixa por causa de suas reclamações. Por dizer-lhe que você não a vê o suficiente. Então você percebe que ela realmente não se importou com você e que você fez de si mesmo um absoluto idiota.

Você se sente terrível, você vê que todos os seus esforços, todo o amor e bondade que você lhe deu, ela não só não o recompensou, o castigou.

Nunca podemos sofrer por nenhuma mulher, se estamos sofrendo devemos deixá-la porque sofreremos cada vez mais. Isto acontece com quase todos, em algum momento de suas vidas eles encontram uma mulher que quase não lhes presta atenção e eles se apaixonam por ela. A pior situação, a pior fraqueza.

Assim, a partir da experiência de tudo, experiência na extrema dureza em relação a elas, mas também na suavidade suave, eu explico o que acontece. O normal é ir para a suavidade e muitos não saem dela.

Graças a estes imensos erros, tornei-me um mestre. Sem eles eu não teria conseguido, portanto, nunca se julgue mal. Levante-se como eu me levantei e castigue. Às vezes sem piedade, às vezes com moderação, também não punem muito.

No final, aquele que me fez sofrer tanto, tomou um castigo brutal e excessivo de minha parte, fiquei tão frio, insensível e duro com ela que exagerei, a traí com dezenas, nunca amoleci nem um pouco. Eu a castiguei muito por causa de toda a raiva que eu tinha por tudo o que ela tinha me feito passar. No final, ela sofreu muito mais do que eu, tanto que me sinto mal por isso. Eu fiquei com raiva. Nem no mole nem no duro eu estava em meu lugar. Erros juvenis.

Nunca faça isso, vingue-se, é um mau pressentimento que só o leva a machucar você também.

Aqueles afetados pela suavidade. Aqueles que falharam.

A lista de homens que foram despedaçados e quebrados pela falta de amor, suavidade, cavalheirismo e toda a besteira medieval, é imensa.

Vou recontar alguns dos casos com os quais me deparei.

Havia um homem que idolatrava sua noiva e se dedicava a ela. Um dia, ela o chamou do exterior e lhe disse que o amor havia acabado. Ele ficou petrificado sem reagir, sem se mover ou falar. Ele não falou por vários dias, o levaram a um psicólogo e lá estava ele em uma espécie de bloco, no qual ele não reagiu de forma alguma. Pouco a pouco ele começou a falar novamente. O que este pobre homem fez foi refugiar-se na religião e começar a ler a Bíblia. Agora ele dá palestras a todos os incautos que o encontram, dizendo que Jesus Cristo é redenção. Já se passaram quase 30 anos desde que isso aconteceu com ele e ele ainda continua.

Outro homem quando tinha cerca de 20 ou 21 anos começou a sair com uma garota realmente bonita, de olhos verdes, super atraente. Tudo ia bem até que ela se cansou dele e o deixou. Este homem começou a ficar obcecado por ela e falou com todos que conheceu dizendo que ela era uma cadela, ou uma prostituta, ou um imbecil e por isso tivemos que aguentar por um tempo. Mas isto não acabou, os anos se passaram e ele continuou a se revoltar contra as mulheres, tornando-se um misógino total, cada vez mais distante do mundo real.

Este homem começou a sair cada vez menos, a se relacionar com cada vez menos pessoas e pouco a pouco começou a perder sua capacidade de se relacionar, suas habilidades sociais, engordou e engordou, ficando cada vez mais isolado e entrando em depressões de cavalos. Agora, quase 30 anos depois, ele é obeso mórbido e ainda é uma mulher de boca ruim. Ele nunca mais flertou em sua vida - uma verdadeira vergonha!

Outro pobre rapaz estava apaixonado por uma garota quando ele tinha quinze ou dezesseis anos de idade e quando ela o rejeitou, ele o pegou e se jogou de um andar muito alto, escusado será dizer que se matou.

Outros que conheço são visitantes ocasionais de hospitais psiquiátricos com hospitalizações freqüentes, dependendo de quão bem ou mal eles estão fazendo. Tudo porque elas são obcecadas por alguma mulher, por causa de sua extrema suavidade que as torna impróprias para a sedução. A essas pessoas que querem paquerar enquanto são absolutamente sofás, eu os previno a não esperarem nada além de pancadas duras. Eu os previno a mudar! Se eles não mudarem, acabarão em depressão profunda.

Outros estão com psicólogos, técnicos e conselheiros há décadas, mas não conseguem sair de sua depressão e extrema suavidade, tornam-se aberrações isoladas da sociedade, sem capacidade de se relacionar com ninguém. Alguns são verdadeiramente assustadores por causa de quão loucos eles se tornaram.

Não estou dizendo que é tudo culpa das meninas, a culpa é delas por serem tão macias. É por isso que estou escrevendo este livro para ajudar todas essas pobres pessoas e também as pessoas normais que podem cair em depressão por causa de sua suavidade para com elas.

Homens despedaçados por suas esposas. Aqueles que triunfaram.

Você não precisa falhar com as mulheres para ser destruído por elas, você pode ser destruído tendo sucesso com uma mulher, muitas vezes pela própria mulher que você queria ter.

Estes pobres homens não perceberam que por trás de sua beleza estava uma espécie de bruxa má, cuja única preocupação era ela mesma e sua superficialidade. Eles se tornaram seus servos, seus trovadores medievais, seus lacaios. Eles não fizeram nada além de se escravizar terrivelmente. Ficaram apegados a elas por causa de sua dependência emocional, suavidade e sua falta de caráter.

Ela faz o que quer com eles e eles são felizes no início porque conseguiram a garota que queriam, mas logo percebem o quanto estão infelizes. Eles não têm caráter e não sabem dizer a melhor palavra do mundo - não! Esta palavra os salvaria da escravidão, mas como eles são agradáveis e foram educados dessa maneira ou têm uma tremenda falta de caráter, eles não podem dizer isso.

Elas assumem o controle de suas vidas e por tudo o que têm que pedir permissão. É realmente embaraçoso vê-los tão tímidos e tão escravizados por suas esposas.

Eles logo ficam tristes, velho, muito gordos ou muito magros por causa do estresse que criam para eles. Estes homens não se levantam e não têm coragem de deixá-los, estão presos lá e são um fantoche absoluto.

Alguns se tornam total misóginos e andam por aí fazendo o dia das pessoas, contando suas misérias e protestando contra as mulheres. Eles também descarregam sua frustração em todos os outros, tratando horrivelmente todos os outros enquanto tratam sua esposa como uma deusa. Muitos deles passam anos sem transar com suas esposas, muitos são cornos e ainda assim lutam por seu amor.

Estes são os que se espancaram uns aos outros por defenderem suas esposas de qualquer reclamação mesquinha, Hey Will! Aqueles que se fazem de tolos perdoando-os quando os enganam, os prazeres, os trovadores medievais.

Muitas vezes ter sucesso é fracassar, muitas vezes fracassar é ter sucesso. Sem caráter, o triunfo se tornará um fracasso.

É claro que estes são alguns dos casos que acontecem e que estou dizendo aqui para conscientizar as pessoas, é normal que isso não aconteça, ou que aconteça de forma mais leve.

As manginas, as feministas e os vários prazeres.

Hoje, como resultado de uma programação social doutrinária e de um romantismo ultrapassado, proliferaram homens lisonjeiros, amigos de mulheres que odeiam homens, feministas, homens que têm vergonha de ser homens.

Estes homens, se podem até mesmo ser chamados assim, fazem todas estas imbecis por seu desejo de agradar às mulheres mais loucas e nojentas, para ver se, apoiando-os em todas as suas bobagens, podem levar uma delas para o berço e fodê-la.

Mas também não funciona para eles, e mesmo assim eles não podem transar. Estes são ursinhos de pelúcia perdidos que se perderam completamente, como resultado de seu imenso fracasso com as mulheres. Estes babacas sempre o criticarão e o chamarão de chauvinista, porque você gosta de mulheres e não as sofre como elas.

Estas ovelhas são usadas por elas em comícios e eventos, mas nunca têm nada de amor por eles, de fato, eles são, porque são homens, desprezados mesmo quando as apóiam até a morte.

Todas essas mulheres que andam por aí gritando contra os homens, largam as calcinhas muito rapidamente quando vêem um homem de verdade.

Estas aberrações perdedoras absolutas praticam a castidade, mas não de sua livre vontade, por pura inutilidade. E é isso que elas merecem, merecem estar lá por décadas idealizando as mulheres e ficando frustradas.

Eles usarão toda sua frustração para atacar os homens de sucesso para descarregar sua raiva em seu completo fracasso.

Sua humildade e traição ao homem não tem funcionado para eles e ainda estão sendo imbecis.

Ele já comprou seu alaúde?

Parte 2: Dureza.

Os misóginos da
antiguidade. Os clássicos.

Nestes tempos de feminismo radical, as pessoas não sabem, nem imaginam, o que filósofos e grandes homens de enorme erudição pensavam e diziam sobre as mulheres.

Naqueles tempos as mulheres eram denegridas, deixando-as em um lugar subordinado aos homens pouco melhor do que os animais em alguns casos. Não estou dizendo que essas pessoas estejam certas, mas é chocante que grandes mentes tenham pensado nessas coisas. Eu já disse que a misoginia é algo a ser conhecido e praticado muito moderadamente. Somente em ocasiões específicas para nos valorizarmos mais do que elas, o que nos ajuda muito quando se trata de flertar. A misoginia completa é para homens frustrados e fracassados. Eu simplesmente coloco aqui estas frases para sua reflexão porque, curiosamente, todas elas vão na mesma linha.

Aristóteles.

"O masculino é por natureza superior e o feminino inferior; um governa e o outro é governado; este princípio da necessidade se estende a toda a humanidade".

Freud.

"As meninas sofrem o trauma da inveja do pênis durante toda a vida após descobrirem que são anatomicamente incompletas".

Esta é uma forte e merece nossa atenção como é dito pelo próprio Einstein, sinônimo de inteligência.

Einstein.

"As mulheres estão onde elas pertencem". Milhões de anos de evolução não têm sido errados, pois a natureza tem a propriedade de corrigir seus próprios defeitos".

VALLE-INCLÁN.

"Sempre acreditei que a bondade de uma mulher é mais efêmera do que sua beleza".

Schopenhauer.

"Somente a aparência da mulher revela que ela não está destinada nem às grandes obras de inteligência, nem às grandes obras materiais".

Ortega y Gasset.

"A força de uma mulher não é saber, mas sentir". Conhecer as coisas é ter conceitos e definições, e este é o trabalho dos homens".

Eurípedes.

"Eu abomino a mulher sábia. Não a deixe viver sob meu teto quem sabe mais do que eu, e mais do que é apropriado para uma mulher. Para Vênus, o aprendiz é o mais depravado".

Dostoyevsky.

"A vida de toda mulher, o que quer que ela diga, não é nada mais que um eterno desejo de encontrar alguém a quem se submeter".

Calderón de la Barca.

"Deixe uma mulher saber girar, costurar e consertar, ela não precisa conhecer a gramática ou fazer versos".

ERASMUS DE ROTTERDAM.

"Se, por acaso, qualquer mulher quisesse parecer sábia, ela só conseguiria ser duas vezes mais tola".

Voltaire.

"Uma mulher gentilmente estúpida é uma bênção do céu".

Até mesmo os santos disseram coisas contra elas.

Santo Agostinho.

"

É a ordem natural entre os humanos que as mulheres devem estar sujeitas aos homens, pois é apenas que a razão mais fraca deve se submeter aos mais fortes.

Os misóginos da antiguidade. Schopenhauer.

O homem mais notado por sua misoginia e baixa estima pelas mulheres foi Arthur Schopenhauer.

Este homem era um filósofo alemão muito importante, o mais alto representante do pessimismo filosófico. Ele escreveu muito sobre as mulheres e todas essas reflexões, artigos e citações foram reunidas após sua morte em um livro que pode ser visto gratuitamente na internet. Este livro é chamado de "A Arte de Tratar a Mulher". É aqui que se concentra todo seu pensamento sobre a mulher, que só pode ser descrito como sexista.

Ele disse.

"Somente incitando o medo é que as mulheres podem ser mantidas dentro dos limites da razão". Segundo Schopenhauer, "elas permanecem crianças toda a vida, são atraentes apenas até os 28 anos de idade e nunca possuem inteligência". Elas possuem uma miopia intelectual que significa que nunca são capazes de produzir um trabalho duradouro".

Passando de Schopenhauer, recapitulando um pouco, tiro estas conclusões.

Ao longo de toda a porra da história, todas as grandes inteligências quase sem exceção praticaram a misoginia com as mulheres. Gostaria de saber quando a galanteria impôs a misoginia, ou se coexistiram e os homens foram galantes por fora e misóginos por dentro. Parece-me que este foi o caso. Assim, ao longo da história, sem se dar conta, eles praticaram ser encantadores com um toque mais galante do que agora, mas muito duro, misógino e muito frio na cabeça, muito mais do que agora. Homens duros.

Nós nos afrouxamos na galanteria e não somos mais tão galantes como em tempos passados, mas afrouxamos muito mais na dureza e na misoginia, e essa é a chave para que as mulheres sejam agora o prêmio.

Somos a geração de homens mais burra da história depois dos trovadores medievais e dos românticos. Somos os piores com respeito às mulheres, e com o feminismo radical podemos superar esses monstros na inutilidade.

Tudo o que resta é que algum poeta venha e os elogie, e nós estaremos lá, lá, com os medievais.

Não há necessidade de um poeta surgir, no Instagram, facebook e tick tock há milhões de lesmas que as idolatram e as colocam em pedestais que não merecem de forma alguma.

Portanto, nossa situação é uma das piores da história. Além das pró-feministas que as capacitam ao máximo, há também galantes antiquados que as idolatram. Elas têm as vantagens do feminismo e as da galanteria. Há muito poucos homens independentes que os valorizam pouco.

Você não precisa ser um misógino, você só precisa se valorizar acima delas para ter sucesso. Levar em conta toda a evolução histórica que contei aqui.

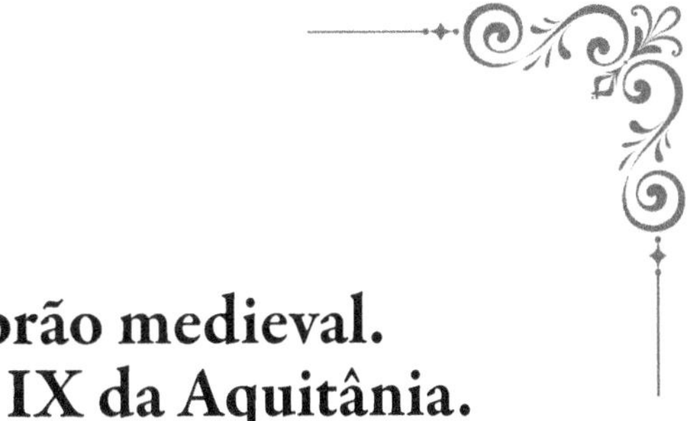

O cabrão medieval.
William IX da Aquitânia.

Este homem era um trovador, na verdade, ele foi o primeiro trovador. Mas ele era um caso muito curioso, ele era um trovador de merda. Estou morrendo de rir. Ele provou que você pode ser um poeta e não ser um tolo. Este homem era um duque. Ele era forte, loiro e de olhos azuis. Ele sabia latim, grego e hebraico. Ele tinha habilidades musicais e tocava o alaúde na perfeição.

Seus pais tiveram que prendê-lo em mais de uma ocasião, quando adolescente, por causa de seu temperamento ardente. Jogar tão bem o tornou irresistível para as meninas da época. As criadas e serviçais do castelo desfrutaram e sofreram com sua libido.

Guilherme gostava de perseguir seus amantes ao redor de seu castelo com grandes risadas. Foi assim que ele passou seus dias.

Sua primeira esposa sofreu com seus constantes namoros. Foi um casamento de conveniência que terminou por causa do flertar de William.

William se casou novamente, mas sua esposa também não teve a dedicação de seu marido. Ele fez dela uma mãe e ficou satisfeito. Ele continuou com seus namorados.

Uma mulher nua foi pintada no brasão de William.

William não foi totalmente insensível e se apaixonou por uma mulher que não era sua esposa. Ela deveria ser o amor de sua vida, embora ele tenha permanecido casado. Enquanto ele teve sua esposa e sua amante, isso não o impediu de ter também muitas conquistas.

William é considerado como o primeiro trovador da história. Ele compôs madrigais, odes e canções. Em suas obras ele fala de seus "casos de amor", tratados com um grande senso de humor.

Ele se chamou a si mesmo de "o fodedor".

Você pode ser um poeta e um fodedor - bravo para Guillermo!

Como é que um sedutor
vê as mulheres?

As mulheres são algo excitante, elas são o que mais gostamos, nos divertem, nos fazem passar um tempo maravilhoso. Algumas mulheres têm um corpo muito bom, mas um mau temperamento, ou uma bobagem muito insuportável em sua cabeça, nesse caso a mulher tem que ser vista como uma irmãzinha fraca. Uma menina que tem que ser ajudada para tudo, porque não tem nem perto de nossas capacidades.

O que elas têm é um corpo que nos agrada e essa é a única razão pela qual às vezes nos relacionamos com elas, apesar de sofrerem seus insuportáveis disparates, seus pretensos privilégios e exigências. Basta aguentarmos com elas para fodê-las. Nesses casos, as mulheres são um mal necessário a ser suportado para se conseguir um fim. Não recomendo fazer esforços tão grandes porque não estamos nos satisfazendo. Tente ir com mulheres com as quais você gosta de ir, com as quais você se sente confortável e com as quais você se diverte. Ir com uma mulher só para foder é muito baixo.

Se você for com mulheres só para fodê-las, acabará odiando-as, porque você realmente não as suporta. Você tem que procurar aquelas mulheres divertidas que nos valorizam, que não estão muito presas e que fazem você se sentir bem. Com essas mulheres, seremos gentis sem sermos brandas, é claro.

As mulheres que pensam que são superficiais e insuportáveis representam uma porcentagem bastante pequena. Estes devem ser evitados e tolerados pelos tolos da aldeia, pois temos que deixar algo para eles também.

Ligeira misoginia.

Que religião elas criaram?
Que invenções?
Que livros elas escreveram?
Que batalhas elas travaram?
Que descobertas você já fez?
Quais impérios elas conquistaram?
Quais continentes elas descobriram?

É verdade que houve algumas mulheres que fizeram coisas, Marie Curie que descobriu a radioatividade ou não sei o que, ha, ha. Elas escreveram livros como Emilia Pardo Bazán e é verdade que no passado não conquistaram nada porque eram muito submissas ao homem, é verdade, mas se elas dizem que são tão espertas, como não se impuseram ao homem durante tantos milênios? Por que não adotaram uma posição de superioridade? O homem não se impõe ao homem pela força. Se tudo dependesse da força, então gorilas, leões, elefantes dominariam, mas este não é o caso, o homem domina. Se o homem tem prevalecido sobre os animais e as mulheres nos tempos antigos, é por causa de sua inteligência.

Foda-se, se Einstein disse isso, não foi o idiota da aldeia, nem o secretário, nem o açougueiro, foi o próprio EINSTEIN que disse. "A mulher está onde ela pertence". Milhões de anos de evolução não têm sido errados, pois a natureza tem a propriedade de corrigir seus próprios defeitos".

O inventor da teoria da relatividade, o gênio, foi quem a disse.

De qualquer forma, não gosto de encorajar a misoginia, houve grandes heroínas como María Pita em La Coruña, ou Catalina de Aragón que inflamaram as massas para vencer em batalha.

Todo verdadeiro misógino é perturbado por algum sofrimento que as mulheres lhe causaram, não é uma atitude saudável. É bom depreciá-los um pouco sem exagerar.

Elas também têm suas grandes qualidades: são os que cuidam dos doentes, os que cuidam das crianças, muitas vezes guiam corretamente os homens impulsivos e os ajudam muito. Gostaria que esta geração de feministas radicais, ao invés de odiar os homens, busque a verdadeira igualdade, não nos menospreze. Se elas nos atacam, eu também os ataco. Atacou aquelas, não as mulheres normais que são maravilhosas. Mesmo que tudo o que eu disse acima seja verdade, elas têm muitas outras virtudes que devem ser admiradas e elogiadas, mas é sobre isso que os trovadores medievais cantam, não serei eu a colocá-los aqui.

Casanova.

O mestre. Em 1750 o flerte era extremamente difícil, as mulheres eram extremamente modestas e estavam totalmente sujeitas à igreja. A castidade era obrigatória até o casamento. Havia uma inquisição e até se podia ser queimado vivo para seduzir as mulheres. Em um contexto tão terrível, ele pegaria mulheres do mais alto escalão, baroneiras, condessas, mulheres casadas, expondo-se à prisão e até mesmo freiras. Eu li suas memórias três vezes. Ele não era apenas um sedutor, mas também um violinista, espião, inventor, empresário, banqueiro, romancista, diplomata, tradutor, poeta e aventureiro e como era chamado na época... libertino. Ele trabalhou para muitas cortes na Europa.

Ela até fodeu nove vezes em um dia e teve trios no século 18. Tudo isso é conhecido porque ele escreveu suas memórias, que eram volumosas (4276 páginas). Este livro foi útil para conhecer os hábitos e costumes do século XVIII. Em cada escola de sedução deve haver um tema que trate da vida do Casanova.

Este homem se exagerou a ponto de quase morrer com tanta foda, às vezes correndo riscos insanos. Foi ele quem inventou a expressão "echar un polvo" (fazer sexo). Isto vem do fato de que em uma ocasião ele foi com uma mulher a uma sala adjacente para foder, referindo-se ao rape que eles colocaram no nariz, mas além de colocá-lo no nariz, ele também fodeu com ela. Mais tarde ele diria que teve relações sexuais com a baronesa de sucção e tal, e foi daí que surgiu a expressão.

Ele até fodeu uma delas enquanto assistia a uma execução, o que era normal na época, e fodeu-a na varanda em frente a toda a cidade e ninguém sabia disso.

Eles o colocaram na prisão mais dura da época, "los plomos", e ele não só escapou dali com bastante facilidade, como também o fez com estilo. Ele se apresentou na porta principal da prisão, batendo palmas para ser aberto e o próprio carcereiro abriu a porta sem perceber que era um prisioneiro, pois havia tirado a roupa de alguém de lá. Esta façanha lhe trouxe mais fama. Seu prestígio como sedutor o precedeu e em todas as cortes da Europa ele foi chamado a contar suas aventuras e a encantar as mulheres. A Inquisição o perseguiu.

Este homem desfrutou de tudo até níveis monstruosos, uma vez quase morreu de indigestão pela gigantesca quantidade de comida que comeu, não me lembro da quantidade, mas era algo como dezesseis pratos ou talvez mais e muitas garrafas de vinho, mais de dez também.

O exemplo de vida do Casanova é enormemente positivo. Ele deixou algumas frases muito boas.

Quem quer dar lições de sedução deve primeiro ser um sedutor, não basta ensinar por rumores, você mesmo tem que experimentar. É aí que você realmente aprende as regras e as exceções, um grande sedutor é o melhor treinador. Para mim Casanova foi um homem do século 21 que viveu no século 18, um homem à frente de seu tempo que teve tomates para viver livremente e enfrentar vitoriosamente a sociedade demoníaca da época. Ele foi valorizado em toda a Europa e sua fama durou séculos para chegar.

Ela perdeu sua virgindade aos 11 anos de idade, escreveu sua vida até os 46 e viveu muito mais tempo, morrendo aos 73 anos de idade. Ele tinha até mesmo um patrono que financiava suas aventuras porque sabia como encantar a todos. Este patrono financiou tudo durante muitos anos para que ele pudesse realizar suas viagens de aventura e conquista. Ele até teve uma orgia com duas freiras.

Casanova é **o maior sedutor de todos os tempos**, totalmente inatingível para qualquer um hoje em dia, porque a dificuldade desses flertes do século 18 é pelo menos vinte vezes maior do que o que custa pegar uma mulher hoje em dia, e talvez 50 vezes mais difícil, eu não sei, depende do caso. Se colocarmos um sedutor do século xxi no século xviii, ele pegaria no máximo cinco meninas e Casanova pegaria 132 que estavam escritas, que eram mais umas dezenas que ele não contava para possíveis represálias, (mulheres do castelo onde ele morava, talvez a esposa daquele que gentilmente o recebeu e outros), talvez ele chegasse a 150 ou 160.

Ele esfregou os ombros com os filósofos da época, como Voltaire e o mítico Conde de Sant Germain, Mozart até conheceu reis, enfim, algo que perdurou ao longo dos séculos, totalmente insuperável.

Casanova chegou a um país onde já estava há 25 anos e estava ligado às filhas daqueles com quem já havia estado no passado. Suspeita-se que algumas delas eram até mesmo suas filhas e ele não sabia disso. Tremendo sobre este homem.

Isto é o que os sedutores precisam ler.

Mesmo o flerte com 10.000 não terá mais mérito do que este homem.

Que grandiosidade!

Viva Casanova! o cavaleiro de Seingalt.

Se você quer ser sedutor, conhecer, valorizar e admirar o mestre.

O Marquês de Sade.

Este homem estava fora de si, mas bem, bem, bem, bem. Ele escreveu romances nos quais elogiava as virtudes de fazer o mal. Ele disse que nesta vida o mal é recompensado e a bondade é terrivelmente punida. Em seu romance "Justinne ou os infortúnios da virtude", ele relata os infortúnios de uma pobre mulher infeliz que está sempre passando por enormes infortúnios e quanto mais bondade ela mostra, mais ela é punida.

Ele criou esta filosofia, ele inventou o sadismo. Quase nada. Sadismo é a excitação sexual produzida por ferir as pessoas. Ele cultivou toda perversão sexual que existe, incluindo a homossexualidade, que certamente não compartilho, mas além dessa loucura que ele lhe deu, o resto é pelo menos interessante de se saber.

Se você ler algum de seus romances, você verá que eles são a coisa mais dura que você já leu em sua vida, eles são como filmes snuff, muito mais fortes do que qualquer pornô S&M nos dias de hoje. Total assustar.

O Marquês de Sade estava totalmente louco e ficou tão louco que até foi jogado na cadeia.

Em um filme dos anos 80, o Marquês de Sade apareceu em um museu como um boneco de cera. Este museu era um lugar mágico que tinha a propriedade de remontar ao tempo daquela cena. Uma mulher do futuro cai sob algum tipo de feitiço no tempo do Marquês de Sade, ele obviamente a vê e imediatamente a amarra entre duas colunas e começa a chicoteá-la. A mulher, em vez de sofrer cada chicote, desfruta deles e começa a pedir-lhe que a chicoteie com mais força, que não lhe mostre misericórdia. Ela enlouquece e pede a ele que a chicoteie até a morte.

O homen do filme, pela mesma magia, entra em cena e a vê sendo chicoteada por um marquês que está cansado e suado de todas as chicotadas que lhe tem dado. Ele a liberta, mas ao invés de ir com ele, ela se joga no chão ao lado do Marquês de Sade, agarra sua perna e coloca seu rosto super perto da embalagem do Marquês. O noivo não pode acreditar, ele pede que ela volte para ele, mas ela se recusa e, agarrada firmemente à perna do Marquês, implora que ele continue a chicoteá-la, a chicoteá-la até a morte.

O marquês diz para o menino do futuro.

"Você está com ciúmes porque **sua puta** teve seu primeiro orgasmo com meu chicote e não com seu pinto".

Ha, ha, ha, ha, ha, ha, ha, ha, ha.

Certamente não foi suave.

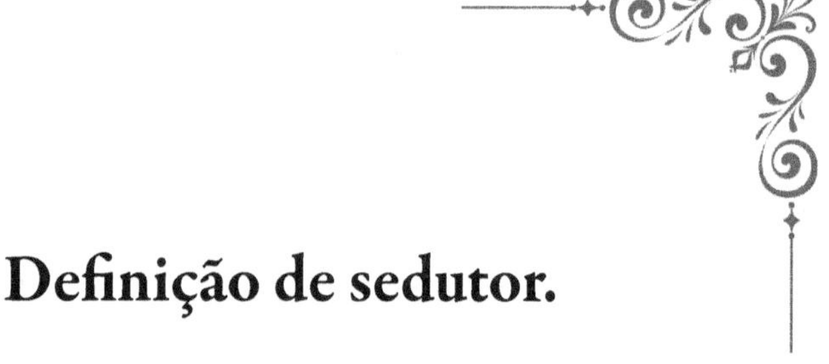

Definição de sedutor.

Um sedutor é um homem que dedicou sua vida à conquista da mulher. Elas são seu divertimento, o que ele mais gosta, mas além delas ele vive sua vida fazendo muitas outras coisas que também gosta. Por elas sacrificou muitas coisas, o que mais sacrificou foi seu tempo, muitas vezes sua saúde e, em muitos casos, também muito dinheiro, por causa de tanto sair e interagir com elas.

Um sedutor é um homem que se entregou ao amor, ao prazer e à aventura; no fundo é um buscador de sensações, como os românticos do século XIX, mas muito mais inteligente do que elas. A vida de um sedutor faz menos sentido sem as mulheres, por isso um sedutor é um imenso conhecedor das mulheres, conhece suas falhas e virtudes, sabe como influenciá-las e como conquistá-las.

Um sedutor é um mágico que mantém as mulheres emocionadas e entusiasmadas com ele. Um sedutor é um homem que é defendido até a morte pelas próprias mulheres que o adoram.

Assim como outros consagram suas vidas a Deus ou à pesquisa, o sedutor se consagra a elas, mas não de maneira agradável ou servil, mas conhecendo-os perfeitamente, ele sabe o que elas precisam e lhes dá. Elas precisam do canalha charmoso e divertido que é preferido ao homem formal e bom, e ele lhes dá isso.

Um sedutor é um homem que mais quer no mundo rir, beijar e dormir com suas amadas mulheres. Um sedutor enquanto faz estas coisas mantém sua independência e é frio e duro na cabeça, caso contrário, seria arrastado para apaixonações tolas e deixaria de ser um sedutor. O sedutor é o melhor. Se nós homens somos a maior parte da criação, o sedutor é a maior parte dos homens, portanto a maior parte dos homens, o zênite da criação, o ápice do universo. O maior.

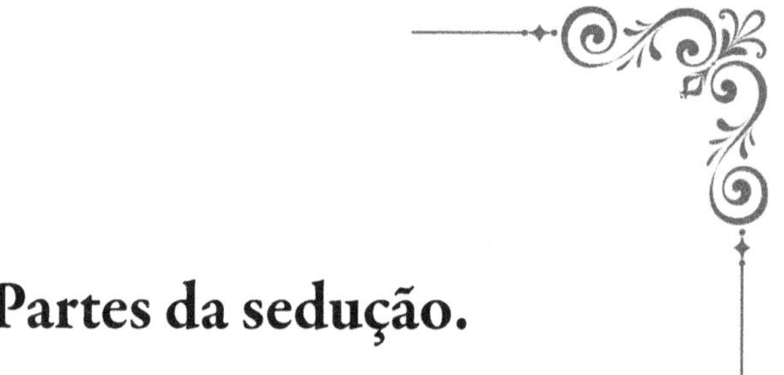

Partes da sedução.

Há duas partes para seduzir: a parte antes de dormir com ela e a parte depois de dormir com ela.

A primeira parte tem um objetivo claro, que é de levá-la para a cama com você. Nesta parte temos que parecer o prêmio, ser engraçados e charmosos, um pouco despreocupados em flertar com ela, fingir ser interessantes e ser realmente muito atraentes para atraí-la.

Podemos usar a sexualidade direta ou indireta, estilo direto ou indireto, a questão é que chega um momento em que a garota é fortemente atraída por nós, ela quer ter sexo e nós dormimos com ela. A partir de então, começa a segunda fase.

Poderíamos simplesmente deixá-la lá e pronto se não gostássemos nada do sexo com ela, ou se realmente não quiséssemos mais nada além de sexo. Esse seria o momento ideal para deixá-la, depois do sexo. Mas se a garota tem outras coisas: como uma personalidade agradável, divertida, ou nós a achamos muito atraente ou ela nos prende por alguma razão, não vejo porque devemos nos limitar a fazer sexo com ela apenas uma vez. Você tem que apreciá-la um pouco mais, eu acho.

É aqui que você realmente começa a conhecê-la. Depois de ambos terem feito muitas vezes a postura e o papel de sedutores, é quando ela se mostra como realmente é, porque uma vez conquistada, ela relaxa, torna-se mais confiante com você e começa a mostrar sua verdadeira personalidade que às vezes ela tinha escondido para nos agradar. A postura é o que eu digo porque quase sempre nem ela é tão fatal, nem você é um patife.

Isto pode ser ótimo e você descobre que ela é uma garota ainda melhor do que você pensava e outras vezes pode ser ruim. É aqui que você realmente verá como ela é, porque na primeira fase, se ela estava realmente interessada em você, ela escondeu muito suas falhas. Seus caprichos, suas exigências, seus peidos e suas tolices se tornarão claros agora. Você também terá que lutar contra a suavidade que ela pode lhe causar, mesmo depois de ter ido para a cama. Suas armas cobram seu preço e nós gostamos de ser brandos com ela, drogados pelo sexo, beijos e prazeres.

Se a mulher começou a mostrar sinais de falhas antes de você dormir com ela, é porque ela não gostava nada de você e não fez um esforço para escondê-las, ou porque apesar de gostar de você, suas falhas são tão grandes que são claramente visíveis. Nestes casos, não vale a pena aturá-la mesmo que você durma com ela.

O objetivo final desta segunda fase é finalmente escapar dela, porque se você não escapar, não poderá continuar sua carreira de sedução. Você terá que transformá-la em um amigo do caralho se quiser vê-la mais ou se livrar dela por completo. Você tem que continuar a aplicar todo o seu poder para mantê-la leal e fasciná-la se você gosta dela e mantê-la entusiasmada o tempo que quiser, ou para se defender contra seus ataques, exigências e recriminações. É para isso que serve este livro "A Arte da Resistência", para que, se você estiver interessado em durar, possa se defender de todos os ataques dela.

Niccolo Paganini.

Ele viveu entre 1782 e 1840, sua aparência era peculiar, matizada, cabelos longos, magreza extrema, olhos penetrantes, lábios finos. O que poucos sabem é que o brilhante violinista Niccolo Paganini, unanimemente considerado o melhor violinista de todos os tempos, a tal ponto que muitos pensavam que ele tinha feito um pacto com o diabo porque era praticamente impossível tocar tão rápido e tão bem; ele também era um grande mulherengo que escandalizava a sociedade da época. As mulheres desmaiaram em seus concertos com os sons impossíveis vindos de seu violino. Ele as seduziu tanto com sua música que elas não se importaram com sua aparência fina e sombria e ele seduziu muitas mulheres.

Tocar um instrumento é conhecido por encantar meninas, mas se você toca um instrumento de uma maneira tão grandiosa que é incompreensível e você está cercado por uma aura de mistério e misticismo, as mulheres caem a seus pés. Esta era a estrela do rock and roll da época.

Paganini embarcou numa carreira de deboche em que tudo tinha seu lugar, desperdiçando o dinheiro que ganhava com os concertos de jogo.

Ele usava calças justas e cabelos compridos, deixava as mulheres loucas de paixão e os homens loucos de inveja. Mas acima de tudo, Paganini tocava seu instrumento de uma maneira que estava anos-luz à frente de seus contemporâneos.

Heinrich Heine (1797-1856) Não tenho a menor idéia de quem ele é, nem me importo, o importante é o que ele disse sobre ele.

"Se Paganini já me parecia tão estranho e fantástico, quando o vi chegando (...) que surpresa eu não deveria ter tido na noite do concerto quando vi sua figura chocante e estranha? (...) Havia um silêncio religioso no salão. Todos os olhos foram fixos no local. Todos os ouvidos estavam prontos para ouvir. Finalmente uma figura escura apareceu no palco, que parecia ter saído do inferno...".

"No início de sua carreira, como era pobre quando criança, o dinheiro caiu em suas mãos, dinheiro que ele esbanjou. Ele o usou em jogos de azar e mulheres, mas também o investiu em violinos".

"Ele teve muitas amantes, entre elas Elisa e Pauline, irmãs de Napoleão Bonaparte; mas finalmente se casou com a bailarina Antonia Bianchi, com quem foi morar e teve um filho, Aquiles".

Infelizmente não há muitas outras referências para esclarecer o número de amantes que ela tinha. O que ela era é uma estrela do rock and roll mais de 100 anos antes do rock and roll. Não eram todos homens convencionais na época, Paganini é um exemplo disso.

Consciência de seu poder.

Sempre antes de entrarmos em ação em pubs, clubes e bares, devemos primeiro tomar consciência de nosso poder; isto nos permitirá fazê-lo:

- Sentir e acreditar em nós mesmos como o prêmio.
- Agir como se fôssemos o melhor sedutor.
- Estar ciente de todos os nossos sucessos.
- Esteja ciente de todas as suas falhas e valorize-as muito pouco. Endurecer.
- Aumentando nossa masculinidade.
- Desenvolver a indiferença a seus encantos.
- Desenvolver uma abordagem despreocupada para vinculá-los, se necessário.
- Ter toda a vergonha e chutzpah que poderíamos precisar.
- Tenha o carisma e a confiança.
- Gerar conforto com cumplicidade e interessando-se por elas.
- Desenvolver um verbo fácil que gera uma conversa divertida e interessante.
- Tenha um toque malicioso quando nos convém.
- Entrei em um estado de espírito eufórico e divertido que os prendia imediatamente com nosso humor.
- Tenha a ousadia e a coragem de fechar com um beijo quando acharmos conveniente.

- Ter a coragem de fazê-lo vir até nossa casa para dormir conosco através de desculpas ou diretamente.
- Tenha confiança e segurança para foder com seu ator pornô comum.
- Seja duro o suficiente para não chamá-la por muito tempo e deixá-la vir atrás de nós.

Devemos parar e tomar consciência de todos os verdadeiros sucessos que temos tido. Esta é outra boa ação e assim, através da capacitação que vem da consciência de seus verdadeiros sucessos e da consciência de suas qualidades sedutoras, chegamos a um estado de total desenvoltura e nos comportamos como um grande sedutor. Além disso, graças a isso, banimos completamente a suavidade de nosso comportamento.

Vamos nos introverter, respirar fundo, fechar os olhos e permanecer em um estado de relaxamento absoluto, um estado de relaxamento total onde quer que estejamos. Podemos usar óculos escuros para que ninguém possa ver o que está acontecendo conosco, ou podemos ir a um lugar isolado, ou podemos fazê-lo no banheiro do bar. Pode até ser feito na rua, basta fechar os olhos por dois minutos, ficar em transe onde quer que você esteja e visualizar.

Não ligue se as pessoas olharem para você, o que quer que aconteça em sua maldita meditação, o sucesso da noite depende muito disso, então não perca sua concentração. Você também pode fazer isso em casa antes de sair, o que seria menos embaraçoso.

Também pode ser muito útil para ancorar a este estado. É uma técnica pnl associar este estado engenhoso a um gesto. Portanto, faremos isso também. Quando estamos bem conscientes de nosso poder e sentimos aquela euforia que vem de saber que ganhamos antes de fazer qualquer coisa, aquele poder interior quase divino, fazemos um gesto que ancora o sentimento e o vincula a este gesto. Então, quando estivermos com as meninas, faremos este gesto e teremos a porra do poder.

A tríade do poder.

Para ter poder real com as mulheres e nunca mostrar um caráter carente, temos que desenvolver o que chamei de tríade do poder.

Em que consiste a tríade de poder? Bem, consiste em flertar e fazer uma seleção entre as muitas mulheres com quem você flerta e manter aquelas que são as menos problemáticas e as mais agradáveis como suas namoradas. Estas mulheres que não causam muitos problemas e são boas garotas, cuidarão de nós sexualmente.

Um não é suficiente, nem dois, precisamos de um mínimo de três, sendo recomendado quatro. Se conseguirmos reunir pelo menos três, teremos a tríade do poder e seremos capazes de girar e foder cada umhma delas regularmente.

Fodemos pelo menos três vezes por semana, o que nos manterá cobertos.

Portanto, traga as mulheres para o seu mundo. Isto é como foder, você tem que entrar e sair. Colocando todos os novos e retirando os inconvenientes. É como procurar ouro, você mantém o material bom dentro e o material ruim fora. Muito entra e muito sai, mas as boas pepitas permanecem.

Estas três mulheres mínimas para desenvolver a porra do poder é o que eu chamei de tríade do poder. Ao reunir-se com estes três pelo menos 3 dias por semana você vai foder como louco, um com cada um delas e pode ser mais, você pode foder praticamente todos os dias.

Graças a esta tríade de poder, você nunca terá um encontro sexual com nenhuma garota, porque você tem isso coberto. Você poderá se tornar assexual e assexualizá-los, o que lhe dará o toque divertido e encantador que os outros não têm por causa de sua necessidade sexual.

Você também será duro porque não precisará ver as novas garotas, será paciente ao esperar para fodê-las e não colocará muita pressão sobre elas, de modo que não as estará fodendo com a necessidade sexual, o que as assusta.

Aquele que desenvolve esta tríade de poder tem cada vez mais mulheres e fode cada vez mais. É essencial banir a suavidade de sua cabeça. As mulheres chamam de mulheres.

Rasputin, o monge do caralho.

Grigori Yefimovich Rasputin era um místico e monge eremita russo que pertencia a uma curiosa seita. Uma seita banida pela Igreja Ortodoxa chamada "os Flagelantes". Acreditavam que a fé era alcançada através da dor, mas também organizavam orgias, e Rasputin era um de seus participantes mais fiéis. De acordo com eles, foi através da dor e do prazer que Deus foi alcançado. Ele praticava sexo desenfreado para preservar os pecadores de fazer tais pecados. Um santo, digo isto em tom de brincadeira, mas algumas das pessoas da época o consideravam assim. Assim era o homem sacrificando-se por todos os outros. Ele tinha poderes aparentemente mágicos, ele deve ter dominado o hipnotismo com seu olhar penetrante e sua influência na família imperial russa era absoluta. Sua posição como conselheiro do czar russo contribuiu para a queda dos czares.

Na wikipedia diz sobre ele.

"Rasputin não só ganhou o favor da família real, mas também uma grande parte da aristocracia se rendeu a ele. Isto se deveu principalmente a seu carisma pessoal. Na medida em que o carisma pode ser explicado, ele foi o produto dos seguintes fatores: um olhar muito fixo e penetrante (ele tinha cabelos castanhos mas olhos azuis muito claros); um verbo fácil e muito ambíguo (alguém disse que suas frases nunca consistiam em "sujeito, verbo e predicado", mas faltava sempre algum elemento) que se assemelhava a um oráculo. Ele tinha uma grande atração pelas mulheres baseada, além de seu físico e sua intuição, em seu conhecimento das escrituras e em uma certa tradição religiosa russa[1] que seguia práticas orgíacas como um caminho para Deus".

Ele tinha muito pouco para ser insensato. Ele tinha um olhar hipnótico, falava de maneira apocalíptica com frases que davam origem a várias interpretações, tinha um corpo impressionante e, além disso, era um fodido que fodia como o caminho para Deus, este homem tinha tudo isso!

Ele teve a imperatriz completamente extasiada por ele e também inúmeras cortesãs da corte imperial do czar. Suas orgias eram míticas e suas proezas sexuais lendárias, diz-se que ele tinha um galo de 33 centímetros que foi preservado e está em um museu. A verdade é que parece com a de um cavalo.

Bem, este homem que teve uma influência decisiva na história da Rússia praticou sexo desenfreado e conquistou numerosas damas da corte. E mesmo que ele nunca tenha lavado, seu olhar magnético e seus supostos poderes mentais foram suficientes para fazer dele um nome na história.

Ele era considerado um santo e um homem esclarecido.

Ele tinha uma força enorme e eles não conseguiam matá-lo dando-lhe veneno suficiente para matar um cavalo, eles o atingiram com vários tiros e mesmo assim ele não caiu, ele agarrou um e quase o matou. Eles o atingiram na cabeça com uma barra de ferro e ele caiu. Eles o jogaram no rio gelado e permaneceu vivo por um longo tempo.

Mais da wikipedia.

"Em seu tempo havia rumores de que ele era uma pessoa licenciosa e que era frequentemente visto bêbado e na companhia de prostitutas. Suas relações com seus discípulos, suas visitas aos seus quartos, em sua maioria mulheres da alta sociedade russa, também foram controversas. Uma de suas máximas era: "Os pecados mais hediondos devem ser

---

1.   https://es.wikipedia.org/wiki/Jlystý

cometidos, pois Deus terá mais prazer em perdoar os grandes pecadores".

Tampouco foi suave.

Influenciadoras.

Atualmente, há uma multidão de mulheres cujas vidas são dedicadas à superficialidade e ao dinheiro. Estas mulheres se dedicam a aparecer na Internet em suas redes sociais favoritas e lá dão supostos conselhos sobre beleza, maquiagem, estilo, etc., etc.

Estas dicas, bem, podem ser ligeiramente úteis ou bastante úteis a outras meninas para fazê-las parecer mais bonitas e não haveria nada de errado com isso. O problema aqui vem do fato de que essas garotas que muitas vezes nem fazem isso e simplesmente aparecem na tela pulando, abanando o traseiro, ou sussurrando em um microfone fazendo ruídos, o único mérito real que elas têm é que parecem gostosas.

Se não houvesse um exército inteiro de milhares e milhares de bobos babados e famintos, que estão lá fora todos os dias elogiando-os e fazendo-os parecer tão bem, elas não estariam ganhando tanto dinheiro. Estes prazeres estão lá elogiando-as, não porque eles pensam que vão transar, eles nem esperam, eles estão lá apenas para serem apreciados, para serem simpáticos, para tê-las lá para que eles possam se gabar - olha que brasa ela gustou do que eu coloquei.

Estes otários lhes dão doações, sorriem para elas e pensam que as estão seduzindo.

Estas mulheres fazem bem em tirar proveito destes pobres homens, elas não contribuem muito para o mundo, mas, bem, elas dão esperança ao seguidor.

O que estes seguidores não sabem, ou não querem saber, ou sabem e acham que ela merece, é que estas mulheres estão carregadas de dinheiro. Elas ganham de 5000 euros para os menos bem-sucedidos, até 100.000 mil euros por mês para os mais bem-sucedidos, sem fazer nada, é claro. Tanto quanto eu sei, tenho certeza de que alguns delas ganham muito mais.

Esses influenciadores esbanjam o dinheiro que ganham em bolsas, roupas e sapatos de preço exorbitante, sempre das marcas mais caras, que eu nem sei ou me importo com o que elas são. E enquanto há pessoas famintas por aí, elas desperdiçam, vivem uma vida de super luxo e acreditam que quanto mais luxo, melhores pessoas são, mais glamourosas são, mais divas são, mais estão contribuindo para fazer algo bom, para serem divinas até a morte.

Bem, o que todos os seus seguidores não sabem desta vez é que atrás dessas divas há um homem que não só as fode selvagemmente, mas também as despreza profundamente por toda a sua superficialidade. Este homem desfruta de todo seu dinheiro, é apoiado e convidado a tudo e entretido com presentes caros por elas. Este é precisamente o único homem que não os valorizou por merda alguma e a quem elas se entregam como tolas.

Escondidos atrás das divas e muito acima delas estão os grandes cabrões que são o auge de tudo. Como este homem se sente? Ele sabe que a garota com quem está fodendo tem dez milhões de seguidores dispostos a cortar um braço se necessário para passar uma noite com ela. Ele se mijou a rir. Ele também não é um homem qualquer, é um homem que está bem, mas nem ele nem ela são tão importantes quanto eles pensam que são.

Como já disse muitas vezes, é tudo uma questão da mente. Um homem que quer ter sucesso com as mulheres nunca deve seguir, ou mesmo assistir a qualquer vídeo dessas mulheres. Elas devem ser mantidos em profundo desprezo porque não trabalham, não contribuem nada para a sociedade, seu maior problema pode ser que sua loja fechou e não podem comprar outra bolsa de mão de 200.000 euros hoje. Que chatice!

Estas mulheres nunca irão com um homem pobre, este é o requisito mais importante para um fodedor, para ter dinheiro. Ele também tem que ser bonito, mas também não precisa ser um adônis, um homem bonito é suficiente. É também muito importante que ele esteja mentalmente em sintonia com elas, sendo um homem que gosta de luxos, coisas caras, um superficial como elas e que também pensa que é o melhor dos melhores em sua semelhança. Mas o requisito mais importante depois de ter estes elogios, é desprezá-las muito em sua cabeça, e depois ser muito gentil em suas relações com elas.

Esses filhos da puta as traem e elas, que acreditam que são divinos e merecem tudo, lhes dão o melhor sexo de que são capazes, apaixonando-se profundamente por eles. Elas se gabam de seus namorados quando nem mesmo deixaram isso claro, os colocam acima de seus milhões de seguidores, por isso, porque desprezam seus empregos, porque não os suportam, porque parecem ridículos e parasitas da sociedade. É por isso que estas mulhleres estão loucamente apaixonadas por eles.

Se aquele que vai com ela não a despreza fortemente, então terá necessariamente que ser um multimilionário para poder suportar o gotejamento, o gotejamento, o gotejamento, o gotejamento de dinheiro que ela desperdiça todos os dias em seu glamour. Porque mesmo que ela tenha dinheiro, ela não tem a gentileza de não lhe dar entretenimento. Ela se achará a melhor, muito acima dele e o apertará o máximo que puder. Neste caso, será ela quem o desprezará.

O mausao não só economiza esta imensa despesa, mas é convidado para tudo, elas lhe compram carros esportivos, relógios, roupas caras e o mais importante, se apaixonam por ele.

O bilionário simples que não se acha melhor que ela, que só a repreende um pouco às vezes quando ela excede suas exigências, mas que quase sempre a coloca em um pedestal, ela muitas vezes o odeia e o usa. Ele é o homem mais usado de todos, porque todas as mulheres que ele recebe nunca o amam de verdade, elas vão atrás do dinheiro. Sua cabeça vale mais do que dinheiro.

Navegando nas águas sem afundar.

Considero este capítulo como um dos capítulos mais importantes deste livro, vou fazer um simile tentando explicar o que acontece quando se sai com uma mulher.

Imaginemos que a vida é assim, você está flutuando no mar, mais cedo ou mais tarde você vai afundar porque vai se cansar de fazer esforços para flutuar, este afundamento significará que você desistirá de sua busca por garotas atraentes e deixará de sair, ou que você não tentará mais flertar, ou que entrará em depressão, ou que jogará a toalha, ou o que quer que seja. Vamos nos concentrar no amor e nas relações homem-mulher.

Bem, você está lá no meio do oceano flutuando muito bem porque você é forte e pode ficar flutuando por muito tempo, isso é vida, não afundando.

As mulheres são como sereias, estão debaixo d'água e são muito bonitas. Uma vem até você e com suas canções ela o enleva, ela vem até você e é de uma beleza de tirar o fôlego. Você e a sereia se beijam. Ela não pertence realmente à superfície, mas às profundezas do oceano e o puxa cada vez mais profundamente para as profundezas do oceano. Ela pode respirar na água, mas você não pode.

Quando você quer perceber que o que antes era belo e luminoso agora é escuro e sombrio, você está totalmente dependente dela, porque é ela quem passa o oxigênio diretamente em sua boca. Com beijos, ela está te embriagando e afundando.

Se você quiser se separar dela, você pode, mas é deixado nas profundezas do oceano e talvez você nem saiba como vir à superfície, ou não é capaz de fazê-lo porque ela o deixou muito profundo.

Bem, é isso que as mulheres fazem, elas te levam para o fundo do oceano, te levam, te fazem de tolo com seus beijos e suas delícias, e quando você quer perceber isso, você está tão profundamente no oceano do feitiço delas que você está totalmente dependente delas. Ela o torna necessitado, dependente, um homem que, mesmo que tente deixá-la, não consegue mais se defender por si mesmo, que não consegue encontrar a superfície.

A mulher o leva para longe do mercado e o afunda. Você precisa dela para tudo, ela o torna macio e carente. É assim que acontece na realidade, é por isso que as rupturas são tão difíceis, porque é difícil voltar à superfície e muitos já não conseguem mais.

Bem, para não ser afogado, para não ser engolido pelas profundezas obscuras de seu amor, para não depender dela pelo resto de sua vida, você tem que fazer o seguinte. Ter várias mulheres.

Agora voltamos ao oceano, desta vez temos o conhecimento e a dureza necessária. Uma bela sereia com uma voz celestial e uma beleza sublime aparece, lá vamos nós. Ela te puxa alegremente para baixo e você desce sorrindo, mas quando você desce um pouco, apenas o suficiente para ter desfrutado bem, você a solta. Você flutua de volta e vê outras sereias tão bonitas quanto esta. Antes você não os via porque estava em baixo nas profundezas e debaixo d'água, não conseguimos ver bem. Agora elas têm que vir à superfície para serem vistos. Elas sabem que não se pode, por isso, enfrentam o desafio de afundar você. Já existem várias delas.

Outra vem e você entra nela, não se afasta dela, outra que quer levá-lo ao fundo do poço. Esta puxa com mais força, por isso, rapidamente nos soltamos. Saímos muito mais fáceis do que antes, nos sentimos fortes. Elas estão ficando furiosas. Outro vem e também não tem sucesso, quando tenta puxá-lo para baixo, você deixa ir novamente.

Há cada vez mais, você agarra outro e não lhe dá nem mesmo uma chance.

Assim, você está pegando um e outro, sempre muito perto da superfície. Controle.

Quando você se farta de todas essas sirenes sufocantes, você vem à superfície novamente para respirar, para ser você mesmo, para ser independente. Elas estarão lá perto de você tentando você, esperando que você lhes dê a oportunidade de puxá-lo para baixo, e você o faz, mas você sempre reage a tempo.

Às vezes você mergulha com dois ou três de cada vez. Um puxa de um lado, o outra puxa o outra e elas não afundam, porque os puxões de cada unha estão em direções diferentes e elas se cancelam mutuamente. Somente quando uma puxa você vai direto para baixo. Alternando-os, sem um favorito claro, elas não serão capazes de puxá-lo para baixo, você sempre saberá como voltar à superfície.

Você terá mais e mais vindo até você, tentando afundá-lo, para levá-lo às suas profundezas, à medida que se espalha a notícia de que você é um troféu difícil de ser pego. Você terá muitas garotas esperando por sua chance. Você lhes dá uma pequena parte de você, aprende a mergulhar e ganha. Desde que você não desista.

O nadador fraco, o inexperiente, elas o levam e o deixam tão fundo que ele se afoga. Os velhos, os cansados, elas os atacam e os sufocam. Com o poderoso nadador que sempre escapa, elas não podem.

É nossa luta para impedir que isso aconteça, para nos afundar ou para atrasar o máximo possível. O sedutor é um titã de força, ele tem um instinto de sobrevivência bestial e gerações inteiras de sirenes falham com ele. É assim que deve ser na vida do flerte, é assim que deve ser na vida do durão, o duende sexual.

No final você está exausto e alguém o puxa para baixo, ou você atinge um nível tal que elas não conseguem mais lidar com você e você morre na superfície tão feliz.

O paradoxo da dureza.

Se você é tão duro que não se importa com elas, há um problema. Você terá garotas, mas não as valorizará. Se você é mole, as meninas não são atraídas por você, mas você as valorizará.

Se você se torna tão difícil, tão difícil, tão difícil, que realmente não se importa com elas, então você tem muitas meninas e porque você não se importa com elas, você também não espera ansiosamente por isso. Porque o que não nos importa, não estamos ansiosos por isso. Portanto, temos que ser um pouco menos duros do que isso, não ao ponto de não nos importarmos com elas, mas a um ponto próximo a isso. Neste caso, obtê-los nos dará um pouco de satisfação. Se formos brandos, elas serão muito importantes para nós e a satisfação que sentiremos quando os tivermos será enorme, mas não teremos nenhum delas, porque não atrairemos nenhum delas porque somos brandos e, portanto, não teremos nenhuma satisfação.

É por isso que é necessário ser simplesmente duro ou muito duro, sem ir a extrema dureza.

Não será apenas a satisfação de flertar, será a escravidão, a auto-estima e o domínio do relacionamento.

Ser um pouco mole não é o mesmo que ser um pouco duro, longe disso.

A escravidão soma -10

O domínio acrescenta +10

A auto-estima soma +10

O suave se por milagre sua escravidão fosse -10, então sua pontuação seria -20.

O problema é que, sendo um pouco brando, você terá muitos fracassos e decepções e, quando obtiver seus poucos sucessos, você os valorizará muito e será esmagado por isso. Você também perderá a auto-estima com seus fracassos anteriores e isso é uma droga. Você irá direto para a aposentadoria e a escravidão.

Entretanto, ao ser duro, você terá muitas garotas, não ficará mole, terá alguma satisfação também, dominará e sempre terá opções, por não valorizá-las quase nada e sua auto-estima será altíssima.

A matemática não engana.

Quanto mais nos aproximamos de zero em nossa avaliação delas, melhor. De 0,5 a 2, sem mais marcas.

Desmantelando sua
beleza efêmera.

As mulheres atingem um nível muito alto em termos de beleza, mas então elas têm o problema de cair muito mais do que os homens. É por isso que a perda de beleza na velhice é tremenda. Há meninas que são bonitas no início dos vinte e poucos anos e às vezes antes dos 40 já são gordas e feias. As pessoas, tanto homens quanto mulheres, que mantêm seu autoconceito de bonitão na cabeça, permanecem bonitões até a velhice, mesmo durante toda a vida. Aos 80 anos de idade, elas também são bonitas.

Há mulheres na faixa dos 60 anos que parecem ótimas e mesmo na faixa dos 70 ainda parecem boas, porque tudo depende de seu autoconceito. Uma mulher que tem um bom autoconceito cuida de si mesma e se esforça para permanecer bela e consegue. É por isso que se você está com uma menina e quer saber como ela será no futuro, olhe o quanto ela cuida de si mesma, olhe também para sua genética, suas irmãs, seus pais. Em geral, as meninas gostosas caem muito menos que as meninas normais. Às vezes, há tremendas quedas que não podem ser previstas, mas geralmente uma garota gostosa permanecerá gostosa enquanto mantiver seu autoconceito como uma garota gostosa em sua cabeça.

Confrontando os abusos.

Um homem muito duro pratica a arte de dizer não. Esta palavra é a palavra mágica, aquela que salva você da escravidão e permite que você tenha a vida que deseja.

Se você disser não a elas, você será respeitado e quando você disser algo, elas dirão sim. É disso que se trata: elas dizem sim e você diz não. Você tem que detê-los e não fazer tudo o que elas querem. É preciso detê-los e não fazer tudo o que elas querem. Usaremos o não, quanto mais o usarmos mais elas nos valorizarão e mais nos respeitarão. Então, para reconquistar nosso favor, elas dirão sim muito mais ao que nós lhes dissermos.

Não estamos aqui para servi-los em tudo, em geral fazemos o que queremos e se fizermos algo por elas, isso acontecerá porque nos agrada também. Este "não" deve ser usado estrategicamente.

Quando uma mulher ouve um não, ela sabe que há um homem de alto valor por trás dessa palavra.

Um homem muito duro pune qualquer abuso feito por qualquer uma das meninas com quem está, tanto as da tríade quanto as que são candidatas à entrada. Esta abundância lhe dá o poder e lhe permite deixá-la de lado punida se ela estiver fazendo comportamentos que não nos agradam. Chamaremos os outros mais.

Não temos medo de nenhuma delas, mesmo que ela seja a mais bonita ou a que fode com os melhores, porque não precisamos dela. Temos mais, e se nenhuma das que temos é melhor, entre todas elas estão, e se não, sabemos que podemos conseguir outras melhores do que ela. Se ela não se comporta bem, nós a tiramos de nossa vida sem qualquer piedade. Muitos homens medievais e homens que vivem na mentalidade da escassez, homens que só têm uma mulher e têm de suportar seus caprichos, porque não têm outra possibilidade, já o fizeram.

Um sedutor se agrada, vai com aquela que quer, trai, mente, trai e faz o que for preciso para maximizar seu prazer.

Solidão enriquecedora.

Para ser um homem duro, você também deve cultivar seu amor pela solidão, o que lhe permitirá estar bem mesmo quando todos com quem você estiver se tornarem um chato. Não esqueçamos que isto também pode acontecer, pode acontecer que um esteja longe, o outro esteja doente, outro seja muito desagradável por causa de seu ciúme ou qualquer outra coisa.

Pode acontecer e acontece que elas estejam com outros, mas você não precisa se preocupar muito com isso, porque você não lhes dá exclusividade e elas também não lha dão.

Às vezes há momentos ruins e se é ruim ter três ou quatro fixas e tantas variáveis, como será ter que aturar apenas uma?

A questão é que você tem que ter passatempos, passatempos que o divertem e entretêm tanto mental como fisicamente. Por exemplo, praticar esportes, fazer viagens sozinho, caminhadas, ou o que quer que seja. Você tem que incentivar seu gosto por fazer as coisas sozinho. Portanto, é aconselhável fazer uma viagem sozinha, ou sair à noite sozinha, ou fazer qualquer coisa por conta própria. Estar sozinho torna muito mais fácil para você conhecer pessoas, porque parece que as pessoas têm dificuldade de vê-lo sozinho e querem integrá-lo a elas para que você não esteja sozinho, pensando "pobrezinho está sozinho! Isto facilitará a sua busca de pessoas.

Outro grande hobby que você deve cultivar é sair e se divertir e paquerar, se você ficar para sempre com os que você tem elas acabarão estragando as relações sérias. É por isso que você nunca pode parar a produção e deve dar preferência aos novos em relação aos que você já tem, especialmente para conhecê-los. Depois disso, se ela não passar do nível da tríade, ela é um pouco marginalizada ou expulsa.

Isto permitirá que você seja duro com elas também. Elas devem sentir que não são os únicos e isto os fará redobrar seus esforços para conseguir você. Elas sabem que você é um homem duro e que você não vai atrás dela e não acredita em suas besteiras. Portanto, se elas realmente gostam de você, elas mudarão seu comportamento para mantê-lo. Você gosta de si mesmo e todos os dias você vai com quem quer ir e sente vontade, se os outros querem vê-lo mas você não sente que você os deixa esquecidos e quando você reaparecer elas virão com raiva, mas muito em breve elas ficarão felizes em vê-lo novamente.

Tenha também amigos, cultive hobbies, saia sozinho para conhecer outras garotas, viaje sozinho, torne-se difícil de ver.

Fazendo sexo com elas em
sua avaliação.

É importante que você nunca olhe para o lado sexual delas. Isto o enfraquecerá e o fará cometer erros por necessidade sexual, o que afugenta as meninas. Quando você sai com uma garota nova, vai relaxado e bem fodido, isto lhe permitirá ser irreverente e divertido como se você não estivesse jogando nada. Se você não está saciado, pelo menos seja divertido e olhe para ela como um ser assexuado sem mamas ou rabo, como uma irmãzinha que você quer se divertir e se divertir com ela. Esta atitude indiferente aos seus encantos lhe dará poder. Ela vai querer conquistar você, pois não gosta que ninguém fique incólume com seu feitiço.

Pelo contrário, a que tem que se sexualizar e ser quente é ela, com sua musculatura, com seu peito alfa masculino, com seu porte, com sua linguagem corporal confiante, com sua atitude despreocupada para flertar, seu verbo fácil, seu estado pletórico sem nenhuma necessidade sexual, seu estado engraçado; em suma, ela é a que deve cair rendida a seus encantos, a que deve fazer suavidade e a que deve querer vê-lo.

Sempre que você vir uma nova pessoa, deixe passar algum tempo e não ligue ou mande mensagens de texto logo em seguida. A mensagem que você tem que transmitir é que você tem uma vida plena sem ela. Isto é conseguido mostrando pouca vontade de se encontrar, você estará sempre ocupado. Você deveria dizer coisas como - vamos falar -, - vamos ver se eu posso - e - vamos estar em contato - e dar-lhes a volta. Nunca ofereça disponibilidade fácil. Isto é vital e é a manifestação mais poderosa que elas vêem de sua dureza interior.

Nenhuma delas é indispensável, nem a tríade, nem nenhum delas, todos estão em risco de serem trocados por um melhor.

Uma vez beijado você tem que induzi-los a um estado sexual e aquecê-los para que sejam elas que querem levá-lo para a cama, bem, neste caso vamos ser um pouco mais fáceis e vamos ajudá-los. Aqui nós realmente percebemos seus encantos sexuais e vamos direto para a cama com ela com total descaramento.

Beijar apaixonadamente, tocar e até falar sobre sexo faz com que elas queiram foder.

Se uma mulher diz foder por qualquer razão, ela quer foder. Você vai foder muito facilmente.

Não os chame de cari, churri, amor, ou coisas com queijo, chame-os de monstruito.

Racionalização total de seus relacionamentos.

Todo relacionamento que você tem com uma menina, você deve racionalizá-lo exaustivamente, assim como elas o fazem. Você deve fazer uma espécie de registro mental: altura, cabelo, peso, tez, poder sexual intuído, personalidade, passatempos, idade, comportamento. Acima de tudo, você deve se colocar no ponto de vista dela e compreendê-la por dentro, ou seja, saber o que a motiva e o que ela gosta, suas fraquezas e seus pontos fortes. Escutaremos atentamente o que ela nos diz a fim de descobrir o que lhe entusiasma e do que ela realmente gosta.

Devemos incentivar estas atividades ou coisas em nós mesmos para que ela tenha vontade de estar conosco. Desta forma, lhe diremos que temos vontade de fazer tal e tal coisa que sabemos que ela gosta, desde que também gostemos dela.

Precisamos entender como ela pensa e sente. Pergunte a ela sobre coisas que lhe aconteceram ou que são importantes para ela, por exemplo, se ela tem um cachorro, vamos perguntar a ela sobre isso, se sua mãe está no hospital, vamos perguntar a ela sobre ela. Estas coisas não nos custam nada e não se trata de agradá-la, trata-se simplesmente de interessar-se por ela, criar uma conexão e dar-nos aquele toque de um homem que, embora à primeira vista fique claro que é malandreco e flertador, também é bom e se preocupa com ela.

Não excessivamente, porque é para isso que servem os trovadores medievais, mas um pouco.

Você tem que calibrar e saber quando deve ser mais malicioso ou quando criar mais conexão.

Aquele que passa o dia inteiro sendo um malfeitor é um pouco cansativo. Às vezes nos transformamos em outras coisas conforme nossa conveniência. O flerte é um mágico que pode ser o que quiser de forma credível. Não é aconselhável mudar muito sua personalidade, somente em alguns casos em que você acha que isso será muito benéfico.

Pensaremos sobre o que podemos esperar dela e não teremos esperanças em relação a nenhuma delas. A única coisa que esperaremos com certeza será uma perda futura, e vamos tomar isso como parte do jogo. Nunca nos apegaremos demais a nenhum delas.

Do apego vem o medo, do medo vem a dor e o sofrimento.

Aquele que vive sem medo e, portanto, sem dor.

As meninas vêm e vão, elas também caminham conforme sua conveniência, são inconstantes e às vezes traiçoeiras. Você não pode esperar muito delas, se você é tão frio e desapegado, elas não podem lhe fazer nenhum mal.

Aquelas que não os valorizam muito não se regozijam muito em obtê-los, nem se lamentam muito por sua perda.

A saída de uma mulher é um problema perdido e uma oportunidade que se aproxima para encontrar um melhor.

Não vamos focar nossa vida somente nas mulheres, pois isso nos tornará dependentes, vamos ter outras coisas que nos preencham. Não vamos dar-lhes poder sobre nós.

As mulheres são freqüentemente uma necessidade vital por causa do desejo sexual, não vá com elas apenas por isso, elas devem ser pessoas que trazem coisas, não engulam por causa de conseguir algo.

O poder sobre sua vida é seu, não delas.

Aquela que controla sua vida prenderá as mulheres. Aquele que faz delas o centro de sua vida, as faz fugir dele. O sedutor as conquista, mas nenhuma delas é o centro de sua vida, o centro de sua vida é ele e seu egoísmo. Seja desnecessário, duro como o aço e frio como o gelo.

Não espere muito delas. Amor, se você puder evitá-lo. Vivendo duro e frio em termos de expectativas, elas o surpreenderão com mais do que você esperava e você não ficará desapontado.

Você viu que todos os prazeres eram punidos e que os duros por dentro e encantadores por fora eram sempre procurados e bem tratados.

A vida de um mulherengo é a melhor do mundo.

Lealdade das boas meninas.

As boas garotas que encontramos se tornam leais através das seguintes atividades:

- Excursões e caminhadas juntos.
- Leve-as a lugares desconhecidos e fantásticos.
- Tocar boa música para elas.
- Faça-as rir com nossas histórias.
- Estar alegre e despreocupado e transmitir essa alegria de viver.
- Surpreendê-los com atividades surpreendentes e inesperadas, que elas e nós gostamos.
- Beije-as e deixe-os em transe.
- Deixá-las excitados, beijando-os e tocando-os em lugares excitantes, no meio da natureza ou em um lugar onde há o risco de serem vistos.
- Use-as em uma festa.
- Fale sobre tópicos divertidos.
- Convide-as para jantar em nossa casa, por exemplo, e quem diz que jantar significa foder depois.
- Fodendo como um ator pornô até que elas ou você não aguentem mais. Isto é essencial.
- Vá até suas casas e aproveite as coisas que elas têm a oferecer.
- Traga-lhe coisas, vídeos musicais, documentários, canções, lugares que você conhece, atividades prazerosas.

Você não precisa gastar dinheiro com elas ou pelo menos muito dinheiro. Você não precisa convidá-las, o que você precisa fazer é se posicionar na mente delas como alguém especial, alguém que os faz se divertir muito e que é muito agradável de se ver e muito atraente.

Sempre que estiver com uma menina, você deve se lembrar que não é apenas um físico, você é um físico poderoso, mas o que é mais poderoso é seu comportamento e todo o conglomerado de conhecimentos e recursos que você tem que lhe proporcionam grandes momentos.

Você tem que fazer coisas que se lembra, por exemplo, uma vez eu me lembro de ter pegado uma à noite e a levei para minha casa para dormir comigo. Mas ao invés de ir direto para a cama para foder, eu a levei para um castelo em ruínas às quatro da manhã. Foi um pouco assustador, e estávamos bem pedrados lá, rindo das ruínas do castelo, depois ela voltou para casa e me fodeu.

Você pode ir com ela para um lugar solitário e acordar lá ouvindo a música relaxante, ou curtir no carro em uma montanha, por exemplo, coisas um pouco fora do comum para que você não seja apenas um mais.

Você tem que ser imprevisível e sempre inventar coisas interessantes, festivas e lúdicas. Como tomar banho à noite com ela na praia, subir uma montanha e tomar algumas bebidas lá e por que não? passar a noite em uma barraca ou em uma praia ou qualquer coisa meio louca que você possa pensar, ser original.

O mais importante de tudo é que elas se divertem muito, riem e o vêem como uma pessoa de grande conhecimento e sabedoria que sabe viver sua vida maravilhosamente. Com tudo isso, você os faz querer estar sempre com você porque lhes traz alegria, diversão, ótimo sexo e um pouco de amor, em suma, bons momentos.

Um homem duro traz momentos especiais para as mulheres.

Nunca deixe que elas o vejam precisando de sexo, isso os assusta, seja despreocupado, fluindo, mas quando for hora de dormir com elas, surpreenda-os fodendo-as como um ator pornô, um Rocco desenfreado.

As meninas são fascinadas e leais quando você combina ser um pouco boa pessoa com toda a diversão e alegria de sua festa.

Quando você os fode, você os fode de forma selvagem, sem nenhum cuidado, como um dominador exigente e pornô. Você lhes diz coisas sujas e as submete a golpes de galo. Você lhes dá um tempo difícil. Você supera as expectativas delas.

Se você tiver problemas, elas o ajudarão, mesmo financeiramente, porque o adoram e se divertem muito com você. É sempre preciso aceitar o convite delas, a mulher deve investir em nós, tempo, dinheiro, dedicação, atenção. Quanto mais ela investir em nós, mais ela será viciada. Não me refiro a dinheiro, mas a doação de si mesma.

Você não pode relaxar, é por isso que você deve continuar a sair para conhecer novas meninas e incluí-las em seu seleto grupo pornô, onde estão as meninas mais simpáticas, as que dão menos problemas, as que dão o melhor desempenho e as que gostamos de estar com mais.

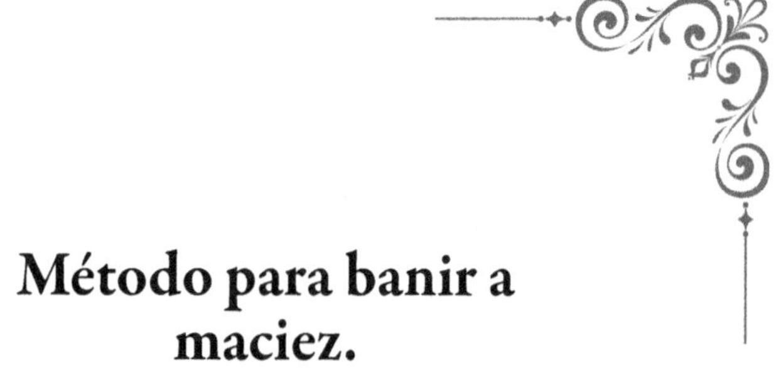

Método para banir a maciez.

As testemunhas brandas são combatidas com sua mentalidade de abundância, com a baixa valorização delas, com sua vida plena sem elas, com seu autoconceito como o prêmio, seus hobbies e amigos e com sua solidão enriquecedora.

Você pode às vezes ser muito direto e dizer que a ama e que ela é maravilhosa se ela vem de dentro de você e você o faz de uma maneira engraçada e não romântica. Na verdade, nesse caso, o que você diz não será nada mole porque logo combina as coisas caseiras que você lhe diz com ações engraçadas, ou comportamento que totalmente desmentem isso. Elas devem ver um homem do mais alto valor que é cobiçado e desejado por muitos, e mesmo que elas saibam que você está com muitas, elas vão querer você da mesma forma.

Uma das coisas que mais ouço como um grande elogio para mim é que elas dizem que sou direto e não minto. É verdade porque eu não me disfarço muito e me mostro como sou sem vergonha e charmoso, não prometo fidelidade a meu lado e elas a aceitam e até mesmo gostam dela.

Suas rudezas não só não são prejudiciais para você, como também são muito rentáveis. As dificuldades compensam, são recompensadas, aumentam seu valor e seu status.

Você também não precisa estar fazendo dureza o tempo todo, somente quando for necessário. Para que você possa fazer com prazer e sem arrependimentos todas as rudezas que deseja, você deve ser uma pessoa que pensa em si mesmo e em seu prazer acima do delas.

Portanto, se você tem vontade de fazer algo, você o faz e não vê alguém que está encontrando, ou faz o que quer que você queira. Isto os irritará um pouco, mas também os recompensará. Elas vão ver você como um bastardo e um patife e vão se esforçar mais para mantê-lo, vão se esforçar mais para ser mais agradável, mais divertido, mais sexual, e vão lhe dar mais sexo e melhor sexo. Aquele que é duro e divertido tem muito e tem tudo isso.

O método que elimina a maciez.

Visualize a garota que você quer pegar.

Visualize como ela lixou a vida de tolos agradáveis que a cortejaram. Imagine tudo bem. Como ela os rejeitou, como elas se ferraram por terem ido atrás dela, por se apaixonarem na hora errada. Muitos choraram por seu desdém, outros por sua perda. Outros ela amargou com reclamações injustificadas ou as escravizou. Isto que você imaginou é igualmente real ou muito pior. Agora você está em risco, você pode ser sua próxima vítima. Fique atento.

Perceba que agora você tem a oportunidade de corrigir as coisas, de lhe dar seu remédio, de punir o menor erro ou coisa que ela faz com você que você não gosta. Agora você é simpático e engraçado por fora, mas um bastardo justo por dentro. Agora, se ela não se comportar bem com você, sofrerá sua tremenda dureza, sua indiferença, seu desprezo. Agora você pode e deve vingar todo o mal que ela fez a todos esses pobres homens. No mínimo, castigue-a. Agora está em suas mãos, agora você tem a porra do poder. Use-o impiedosamente se as circunstâncias assim o exigirem.

É uma pena sofrer pelas mulheres, deixe-as sofrer!

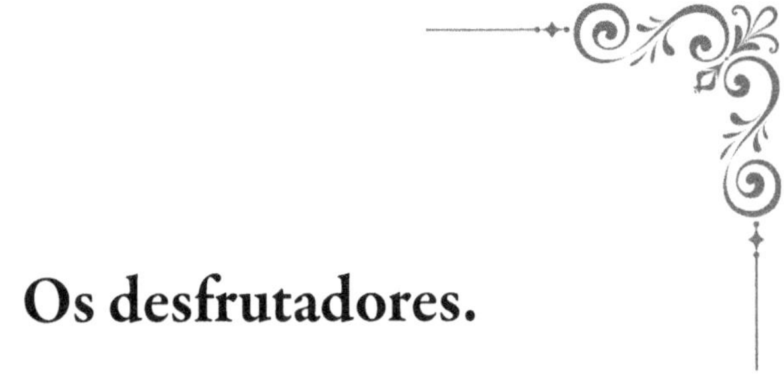

Os desfrutadores.

Durante toda a antiguidade sempre houve níveis, havia aqueles que tinham uma esposa e tinham que se contentar com isso, e alguns nem sequer conseguiram uma mulher porque eram de uma classe social muito baixa. Assim, sempre houve aqueles que foram inchados para estar com as mulheres e saíram de suas orelhas e aqueles que ficaram sem nenhuma.

Na Roma antiga, as orgias eram realizadas lá, não para os pobres da aldeia, mas para a alta sociedade, senadores, pessoas ricas, proprietários de terras. Foi aí que eles desfrutaron. As elites sempre tiveram as mulheres e os prazeres.

Então na Idade Média, o senhor feudal tinha o direito de pernada, o que lhe permitia dormir com qualquer mulher em suas terras no dia de seu casamento. Era como se antes que o marido pudesse desfrutar, ela tivesse que passar pela mão do senhor. Ele também tinha todo o poder e riqueza, e as mulheres freqüentemente dormiam com ele para melhorar seu status.

Alguns se divertiam como bastardos e outros sofriam privações. Então os ricos foram os que mais se beneficiaram e para quem as mulheres bonitas foram. Outros grandes beneficiários têm sido os sedutores que conquistaram as mulheres por nossos próprios méritos. As estrelas do rock têm sido outros personagens fantásticos que enlouqueceram centenas de mulheres com sua música e que dormiram com todas elas, assim como celebridades, etc.

O que você pode fazer é ser uma joie de vivre e sair da matriz convencional. Desistir, como eu já fiz e muitos sedutores fizeram, ter mulher e filhos, casar e tudo isso.

Você vai fazer parte do grupo dos apreciadores ou do grupo dos trovadores medievais?

Cultive seu carisma e atratividade e viva sua vida inteira de festa em festa e de mulher em mulher. É muito mais difícil aturar uma esposa por toda a vida do que a mudança interminável das mulheres e tudo o que elas lhe trazem por toda a vida.

Divirta-se.

Seja o mestre do harém, o mestre da orgia, o senhor feudal, o imperador romano, a celebridade, a estrela do rock, o sedutor apaixonado. Um sucessor de Casanova, um fodedor e um desfutador.

Não seja o idiota do vilarejo, o amante brando, o desprezado, o desprezado, aquele que os escreve poemas, aquele que os elogia, o urso de pelúcia, o tolo que vê como um após outro seus entes queridos são seduzidos por patifes encantadores. A vida é difícil, não a torne mais difícil com idealizações bobas.

Um homem duro é um homem que sofreu muito e superou isso. Ele é um homem que aprendeu o caminho certo, um homem que agora se diverte, um homem com poder. Um homem com poder. Que se foda o trovador medieval e sua maldita lira! Que maneira de fazer figura de tolo!

Você já viu uma mulher escrever poemas para o seu amor? Você não o fez e não o fará. Elas são frias e duras por causa de milênios de evolução. Temos que estar constantemente lutando e nos esforçando para não mostrar nenhuma dica de suavidade.

Uma vez fui perguntado por um homem sobre uma ex-minhna.

Eu respondi

-Ela nunca foi tão bem fodida na porra de sua vida!

Elas são muitas vezes maldosos, sempre frias, verdadeiramente desligadas, calculistas, insensíveis ao mal que fazem, às vezes traiçoeiras e vingativas. Se você se oferecer em carne e osso, sendo um bom rapaz sem malícia, amoroso, elas o esfolarão vivo. Preste atenção aos meus conselhos e você fará muito, muito melhor.

A história de um homem.

Para terminar, vou contar a história de um fodedor. Um cabrão uruguaio. Este homem é um homem de certa idade, tem 63 anos e praticava um esporte muito interessante chamado "foda".

Especificamente, ela estava transando com uma garota gostosa 20 anos mais jovem do que ele. E assim por diante e assim por diante, ele foi, tão duro e tão apaixonado que quando se levantou de sua foda desmaiou e caiu no chão. Ele mal podia falar, a garota se assustou e chamou o pronto-socorro, eles vieram e o levaram ao hospital. Ele teve um derrame cerebral. Isso foi causado pelo excesso de exérese de toda essa merda.

Ele se recuperou e lá continua seduzindo até morrer.

Se ele tivesse morrido naquela época, teria sido uma morte honrosa.

Nós homens damos tudo de nós e arriscamos nossas vidas por um pouco mais de prazer. Em resumo, deixe-os tirar a coisa dançante. Com os melhores cumprimentos, meu amigo.

Todos os homens duros que adoram diversão têm muitas mulheres. Não se deixe enganar pelas coisas de amor. Eles não querem que você se divirta. O poder está lá dentro de você. Você só precisa soltar. Para se habilitar ao máximo e flertar como uma estrela de rock and roll, escrevi "Jd absoluta sedução". Eu o recomendo.

Espero que este livro o tenha ajudado a perceber que você tem que ficar duro, não basta tentar, você tem que se tornar duro, ser imune aos seus encantos, ver o lado negro delas.

Seja duro, mas também não seja excessivamente duro. Se você fizer isso, você pode conseguir as meninas que gosta e viver sua vida da maneira que você quer viver.

Que assim seja!

Vamos jogar!

Don't miss out!

Visit the website below and you can sign up to receive emails whenever John Danen publishes a new book. There's no charge and no obligation.

https://books2read.com/r/B-A-FUKJ-UZUEC

BOOKS 2 READ

Connecting independent readers to independent writers.

Did you love *A Arte da Dureza*? Then you should read *Duro e Sem Vergonha*[1] by John Danen!

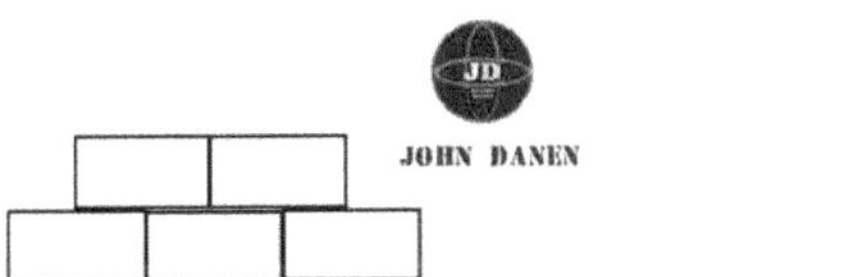

2

O menino mau não aparece do nada, ele é criado pelos golpes. São eles próprios que o criam. De herói derrotado a vilão presunçoso e daí ao sucesso total. Este é o livro a ler se quiser tornar-se um rapaz duro e sem vergonha que atrai muitas raparigas. Não se trata de não ser um tipo simpático, mas sim de ser um tipo muito duro.

---

1. https://books2read.com/u/4j51ak

2. https://books2read.com/u/4j51ak

Also by John Danen

Seduction 5.0
S.A.X.
Chicas complicadas
Seducción 5.0
El libro del tonto
Macho Alpha
Macho alpha extracto
La seducción después de la pandemia
Terriblemente atractivo
Seducción 5.1
Sedução 5.1
How to be Cool and Attractive
Sedução. Avançada. X.
Garotas complicadas
¡Basta de ser buen chico! Sé un chico malo.
El método JD. El método de seducción de John Danen
El arte de agradarte a ti mismo
¡Basta ya de abusos! ¡Defiéndete!
Enought with the abuse! Defend yourself!
Máster en seducción
Las mujeres. El amor. Y el sexo.
Supera la dependencia emocional
Atrae mujeres con masculinidad
JD Absoluta seducción
El fracaso del amor

Entender a las mujeres

La vida del seductor sinvergüenza y encantador.

El arte de la dureza

Terrivelmente atraente

Deixe de ser um bom da fita! Seja um mauzão.

Superar a dependência emocional

A arte de se agradar

Pare o abuso! Defenda-se!

O fracasso do amor.

O método JD

Overcome Emotional Dependency

Stop Being a Good Boy! Be a Bad Boy

Complicated girls

The Art of Pleasing Yourself

Duro y Sinvergüenza

Mestre en sedução

JD Method

The Failure of Love. The Trap of Serious Relationships

Master in Seduction

A. S. X. Advanced. Seduction. X

Women. Love. Sex

Alpha Male

Attract Women with Masculinity

JD Absolut Seductión

Understanding Women

The Life of the Shameless and Charming Seducer.

The Art of Toughness

Tough and Shameless

Überwindung der Emotionalen Abhängigkeit

Maître en séduction

Schrecklich Attraktiv

Surmonter la Dépendance Émotionnelle

L'art de la dureté

Die Kunst der Zähigkeit

Hör auf, ein guter Junge zu sein, sei ein böser Junge

Assez D'être un Bon Garçon ! Sois un Mauvais Garçon.

Die Kunst, sich Selbst zu Gefallen

Dur et sans Vergogne

Hart im Nehmen und Schamlos

L'art de se Plaire à soi-Même

Das Scheitern der Liebe

L'échec de L'amour.

Meister der Verführung

Die JD-Methode

Maestro di Seduzione

Terriblement Attrayant

La Méthode JD

Capire le donne

Compreendendo as Mulheres

Comprendre les Femmes

Die Frauen Verstehen

Les Filles Compliquées

Komplizierte Mädchen

JD Séduction Absolue

La Vie du Séducteur Charmant et sans Vergogne

Les Femmes. L'amour. Et le Sexe.

Mâle Alpha

S.A.X.

V.F.X.

Donne. Amore. E il sesso.

Ragazze Complicate

Superare la Dipendenza Emotiva

Seduzione. Avanzata. X.

Dark Seducción

Il Fallimento Dell'amore.

Il Metodo JD

Alphamännchen

Atrair Mulheres com Masculinidade

Attirare le donne con la Mascolinità

Attirer les Femmes par la Masculinité

Mit Männlichkeit Frauen Anziehen

Frauen. Liebe. Und Sex.

L'arte di Piacere a se Stessi

Mulheres. Amor. E Sexo.

JD Seduzione Assoluta

Перестань быть хорошим мальчиком! Будь плохим мальчиком.

JD Absolute Verführung

JD Sedução Absoluta

Das Leben des charmanten, schamlosen Verführers

Smettila di Fare il Bravo Ragazzo! Essere un Cattivo Ragazzo.

La Vita del Seduttore Affascinante e Spudorato

A Vida do Sedutor Encantador e sem Vergonha

Macho Alfa

Uomo Alfa

Séduction 5.0

Verführung 5.0

Seduzione 5.0

Duro e Senza Vergogna

Duro e Sem Vergonha

L'arte della Durezza

A Arte da Dureza

About the Author

Español.

Soy un hombre vividor y divertido que busca el lado bueno de las cosas siempre.

Mi experiencia es el campo de las relaciones personales y de la seducción. Por eso tras dedicarme larguísimas décadas a ello, quiero trasmitir mis conocimientos. Para que las nuevas generaciones tengan unos conceptos que les den una ventaja competitiva sostenible y poderosa en el campo del amor.

Quiero ayudarte a a conseguir tus metas.

Portugués.

Sou um homem animado, e divertido, que sempre procura o lado bom das coisas.

Minha experiência está no campo das relações pessoais e da sedução. É por isso que, após décadas de dedicação a ela, quero transmitir meus conhecimentos.

Quero ajudá-los a alcançar seus objetivos.

Inglés

I am a lively and fun man, who always looks for the good side of things.

My experience is in the field of personal relationships and seduction. That is why, after decades of dedicating myself to it, I want to pass on my knowledge. So that the new generations have concepts that give them a sustainable and powerful competitive advantage in the field of love.

I want to help you achieve your goals

Français Je suis un homme vif et drôle qui cherche toujours le bon côté des choses.

Mon expérience se situe dans le domaine des relations personnelles et de la séduction. C'est pourquoi, après m'y être consacré pendant des décennies, je veux transmettre mes connaissances. Pour que les nouvelles générations disposent de concepts qui leur donnent un avantage concurrentiel durable et puissant dans le domaine de l'amour.

Je veux vous aider à atteindre vos objectifs.